지은이

○ **윤현집**

20년 경력의 데이터 산업 전도사. 티맥스소프트 기획마케팅 본부, CNET Korea 기획팀, 디지털타임스 사업팀, 엔코아 데이터리서치센터장 겸 기획마케팅팀장을 거쳐 현재 케이웨더 전략기획부장을 맡고 있다. LG그룹, NH농협, IBK기업은행, 동아그룹, 현대HCN, 청년희망재단, 성균관대학교 등 많은 곳에서 특강을 진행하며 데이터의 중요성을 알리고 있다.

○ **박세진**

서울대학교에서 식품영양학을 전공하고 미생물유전학을 연구했다. DNA와 생명 정보에 대한 관심을 데이터과학으로 발전시켜, 다양한 분야를 다룰 수 있는 데이터과학자가 되었다. 현재 엔코아 데이터서비스센터 책임 컨설턴트로 국가 과제, 기업 빅데이터 분석 컨설팅, 공공 기관 자문, 데이터과학 멘토링 및 코칭 업무를 맡고 있다.

○ **김용연**

경영학과 데이터과학을 전공한, 문과·이과를 넘나드는 데이터과학자. 데이터 속에서 인문학적 가치를 찾아내는 일이 중요하다고 믿는다. 엔코아 데이터서비스센터 컨설턴트로서 통신, 부동산, 멤버십, 무역 등 다양한 분야의 데이터 가공, 분석, 품질관리 프로젝트를 진행하고 있다.

장준규

최고의 데이터과학자를 목표로 파란만장한 삶을 보내는 중인 데이터과학자. 데이터의 융합이 데이터과학의 핵심이라는 판단하에 다양한 데이터 경험을 쌓고 있다. 연세대 IT정책전략연구소, 삼성생명, 삼성SDS, 신한카드, 엔코아, 신한금융투자에서 일했고, 현재 SK하이닉스 AI 프로젝트를 진행 중이다. 일 중독자를 꿈꾸며 꾸준히 배우고 정진하고 있다.

류진걸

통계에 관한 관심으로 한양대학교 산업경영공학과에 입학했고, 그 관심을 데이터로 확대시켰다. 학생 때부터 국내 유수의 데이터 분석 공모전에 도전해 다수의 수상 경력을 쌓았다. 엔코아에서 다양한 국내 제조, 통신 대기업의 데이터 분석 프로젝트를 수행했다. 현재는 제조 데이터에 대한 전문성을 살려 LS산전 데이터 분석팀 연구원으로 근무 중이다.

유미

이 책의 기획자이자 공저자. 새로운 것을 만들고 기획하는 게 좋아서 홍익대학교 광고홍보학부에서 마케팅과 커뮤니케이션을 공부했다. 엔코아 기획마케팅팀에서 엔코아를 알리는 콘텐츠를 만들고 마케팅 활동을 했다. 현재 케이웨더 마케팅팀 팀장으로 재직 중이다.

4차 산업혁명, 준비됐니?

데이터로 과학하기

데이터로 과학하기

초판 1쇄 2019년 7월 26일
초판 4쇄 2021년 11월 26일

지은이 윤현집, 박세진, 김용연, 장준규, 류진걸, 유미
일러스트 이시누

책임편집 양선화
마케팅 강백산, 강지연
디자인 이정화

펴낸이 이재일
펴낸곳 토토북
주소 04034 서울시 마포구 양화로11길 18, 3층 (서교동, 원오빌딩)
전화 02-332-6255
팩스 02-332-6286
홈페이지 www.totobook.com
전자우편 totobooks@hanmail.net
출판등록 2002년 5월 30일 제10-2394호
ISBN 978-89-6496-403-3 43000

4차 산업혁명, 준비됐니?

데이터로 과학하기

윤현집·박세진·김용연·장준규·류진걸·유미 지음

팀

우리 삶을 완전히 바꾼
─\/\─ 전기, 인터넷, 그다음은…… ─\/\─
데이터!

'우리가 아는 대부분 직업이 30년 후에는 사라진다', '의사, 변호사 같은 직업을 몇 년 후 인공지능이 대체한다' 여러분도 한 번쯤은 뉴스에서 들어 봤을 이야기들인데요. 대부분의 직업이 사라질 위기라면, 우리는 이제 장래 희망란에 뭘 적어야 좋을까요?

왜 갑자기 많은 직업이 사라진다고 하는 걸까요? 그 비밀은 바로 4차 산업혁명에 있습니다. 전기가 발명되기 전과 후의 세상을 비교해 보세요. 상상도 할 수 없이 많은 직업들이 사라지고 또 생겨났어요. 인터넷이 발명되기 전과 후는요? 역시 많은 직업을 인터넷이 대신하게 되었습니다. 전기와 인터넷이 불러온 2차, 3차 산업혁명처럼 이제 데이터가 불러오는 4차 산업혁명이 거대한 변화를 몰고 오고 있죠.

우리가 하루 동안 얼마만큼의 데이터를 만드는지 생각해 본 적 있나요? 동영상 시청 기록, SNS 사용 기록, 인터넷 검색 기록, 휴대폰을 들고 걸어 다녔던 위치 기록……. 이렇게 우리는 모바일 기기를 통해 많은 양의 데이터를 뽑어냅니다. 예전엔 대량의 데이터를 분석할 방법이 없었지만, 이젠 기술이 발전해서 엄청난 양의 데이터도 모아서 분석할 수 있게 됐어요.

예를 들어 어느 영화관의 티켓 판매 데이터를 가지고 이야기를 해 볼까요. 고객 입장에서는 단순히 극장에서 한 편의 영화를 본 것이지만, 데이터가 많이 쌓인다면 이를 이용해 엄청난 일들을 할 수 있습니다.

우선 영화관에서는 매출이나 방문 손님의 연령 및 선호 영화에 따라 상영 시간 및 상영관 수를 조정할 수 있습니다. 주말 오전에는 가족 단위 고객이 많이 오니 어린이 영화를 늘리고, 심야 시간대에는 성인들이 선호하는 액션 영화의 상영을 늘리는 식이죠. 매출이 몰리는 시간대엔 직원 수를 늘려 원활히 운영하고, 매출이 적은 시간대엔 수익 증대를 위해 조조할인, 1+1 등의 이벤트를 기획합니다. 이렇게 데이터를 수집하고 분석해 더 효율적으로 영화관을 운영하는 거예요.

여기서 한 발 더 나아가면 어떨까요? 여러분의 영화 관람 데이터를 분석한 동영상 사이트에서는 여러분이 좋아할 만한 영화를 알아서 추천해 줍니다. 카드사에서는 영화를 좋아하는 여러분의 라이프 스타일에 맞게 할인이나 포인트가 잘 쌓이는 카드를 추천해 주고요.

데이터는 영화를 제작하는 데에서부터 중요한 요소로 작용하며, 여러분이 영화를 보고 나서 쓴 댓글을 분석해 관람객 반응도 평가합니다. 이런 데이터가 모이면 영화 시장의 동향까지 알 수 있죠. 데이터를 통해 내년엔 어떤 영화가 유행할지를 예측해 볼 수도 있는 것입니다.

데이터를 수집하고 분석하는 기술이 발전하기 전에는 그러한 정보를 알기 위해서 많은 시간과 노력이 들었습니다. 하지만 이젠 기술의 발전으로 실시간으로 데이터가 쌓이고 분석하는 환경이 됐습니다. 그래서 많은 직업과 산업이 바뀐다고 이야기하는 거예요. 이것이 바로 전기, 인터넷 다음으로 데이터가 불러올 4차 산업혁명입니다.

데이터가 모든 것을 바꾼다고 해서 겁내거나 무서워할 필요는 없어요. 전기와 인터넷이 우리의 삶을 이롭게 해 줬던 것처럼 데이터 역시 우리의 삶을 더 나아지게 해 줄 테니까요.

지금 인터넷을 사용하지 않는 산업이 있을까요? 앞으로는 데이터가 모든 분야에 활용될 것입니다. 4차 산업혁명 시대에 진로를 선택해야 하는 여러분에게 데이터에 대한 이해는 필수입니다. 보다 먼저 데이터와 데이터과학을 친숙하게 받아들인다면, 이 분야가 여러분에게 유용한 도구가 될 수 있을 거라고 생각합니다.

이 책을 쓴 데이터과학자인 우리는 많은 양의 데이터를 모으고 정리하고 분석해서 새로운 가치를 도출하는 사람들입니다.

'대학교에 데이터과학과가 있는 것도 아닌데, 어떻게 하면 데이터과학자가 될 수 있을까?'

'데이터과학자는 데이터를 어떻게 분석할까?'

데이터과학자라는 생소한 직업에 대해 여러분 머릿속에 수많은 질문이 떠오를 텐데요. 사실 우리도 수많은 질문을 품은 채 이 길을 걷기 시작했습니다. 우리는 모두 국내에서 아주 이른 시기에 데이터과학 분야를 발견하고 도전했거든요. 이 책에서는 데이터과학자로 성장해 나간 경험담을 통해 데이터과학이 무엇인지, 그 분야를 어떻게 공부해야 하는지 알려 드리려 합니다.

전공도 관심사도 나이도 성격도 다른 데이터과학자들이 저마다의 방식으로 데이터과학이라는 하나의 꿈에 다가가는 과정을 이야기하고자 합니다. 자신만의 장점을 살려 꿈을 이룬 노하우를 여러분에게 전달할 수 있었으면 합니다.

저자 일동

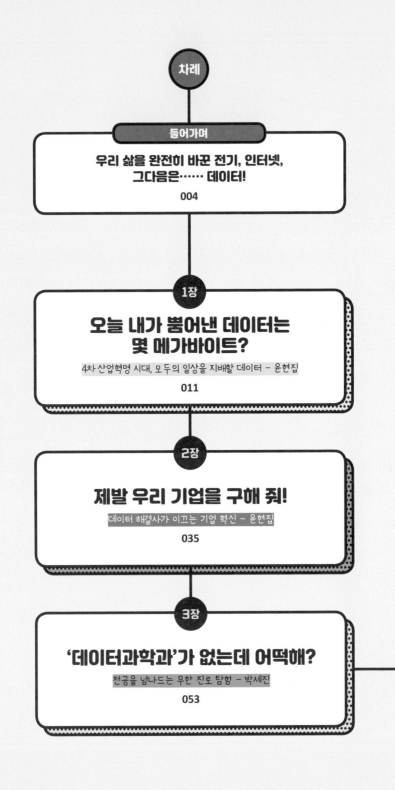

1장

오늘 내가 뿜어낸 데이터는 몇 메가바이트?

4차 산업혁명 시대, 모두의 일상을 지배할 데이터

– 윤현집

인공지능AI, 빅 데이터Big data, 머신 러닝기계학습, Machine learning, 사물인터넷Internet of Things, IoT 등 아직은 우리에게 생소한 정보 통신 기술ICT들이 TV와 신문에 자주 등장하고 있습니다. 기술의 눈부신 발달로 우리는 어제와 오늘이 다른 세상을 살아가고 있는데요. 이미 여러 단계의 산업혁명을 거쳤지만 4차 산업혁명이 성큼 다가온 지금처럼 복잡하고 어려운 시대는 없었던 것 같네요.

2016년 세계 경제 포럼World Economic Forum, WEF에서 처음 언급된 이후 '4차 산업혁명'은 다양한 정보 통신 기술이 융합되는 새로운 시대를 가리키는 용어가 되었는데요. 컴퓨터와 인터넷을 기반으로 하는 3차 산업혁명정보화 혁명에서 한 단계 더 진화한 혁명이라고 할 수 있죠.

과연 4차 산업혁명은 10년 후 우리 삶을 어떻게 바꿔 놓을까요? 아마도 더욱 진일보한 첨단 정보 통신 기술이 경제 및 사회 전반에 융합되어 혁신적인 변화를 만들어 갈 것으로 보입니다.

로봇에게 뺏기지 않을 일자리?

2016년 한국고용정보원이 발표한 〈기술 변화에 따른 일자리 영향 연구〉에 따르면, 인공지능과 로봇 기술의 발달로 2025년에 국내 취업자의 61.3%가 일자리를 잃을 수 있다고 합니다. 그런데 보고서가 나온 지 1년도 채 지나지 않아 인공지능과 로봇으로 대체될 확률이 낮다고 발표했던 금융 상품 개발자나 컴퓨터 기술자, 회계사 같은 직업에 관해서도 인원 감축 기사들이 나오고 있습니다.

이렇게 '인간의 일자리'가 위태로운 시대에 확실하게 뜨고 있는 직업이 있다고 하는데요. 세계 최대 규모의 직장 평가 사이트인 글래스

인공지능과 로봇의 직업별 업무 수행 능력 대체 비율(단위: %)

순위	대체 비율이 높은 직업	대체 비율	대체 비율이 낮은 직업	대체 비율
1	청소원	100	회계사	22.1
2	주방 보조원	100	항공기 조종사	23.9
3	매표원 및 복권 판매원	96.3	투자 및 신용 분석가	25.3
4	낙농업 관련 종사원	94.5	자산 운용가	28.7
5	주차 관리 및 안내원	94.4	변호사	29.5
6	건설 및 광업 단순 종사원	94.3	증권 및 외환 딜러	30.2
7	금속가공 및 기계 조작원	94.3	변리사	30.2
8	청원 경찰	92.8	컴퓨터 하드웨어 기술자 및 연구원	32.3
9	경량 철골공	92.0	기업 고위 임원	32.4
10	주유원	90.8	컴퓨터 시스템 및 네트워크 보안 전문가	33.8
11	펄프 및 종이 생산직	90.5	보건 위생 및 환경 검사원	34.5
12	세탁원 및 다림질원	90.2	기계 시험원	34.9
13	화학물 가공 및 생산직	90.2	보험 및 금융 상품 개발자	35.4
14	곡식 작물 재배원	90.0	식품공학 기술자 및 연구원	36.7
15	건축 도장공	89.9	대학교수	37.0
16	양식원	89.8	농림/어업 시험원	37.1
17	콘크리트공	89.7	전기/가스 및 수도 관리자	37.5
18	패스트푸드원	89.0	큐레이터 및 문화재 보존원	37.9
19	음식 배달원	88.8	세무사	37.9
20	가사 도우미	88.7	조사 전문가	38.1

〈기술 변화에 따른 일자리 영향 연구〉, 한국고용정보원, 2016

도어Glassdoor가 매년 발표하는 '미국 최고의 직업 50'에서 2016년부터 4년 연속 1위를 차지하고 있는 직업, 무엇일까요? 바로 '데이터과학자 Data Scientist'입니다. 데이터 산업 선진국인 미국뿐 아니라 일본, 중국에서도 전문가 수가 부족하다고 아우성이고, 우리나라도 전문가를 찾기 위해 동분서주하고 있는 직업, 데이터과학자! 이 책을 읽고 있는 여러분도 이렇게 유망한 직업인 데이터과학자에 관해 궁금하실 것 같네요.

하지만 어디에서도 데이터과학자라는 직업이 왜 각광을 받는지, 4차 산업혁명 시대에 어떤 의미를 갖는 직업인지 제대로 설명해 주지 않습니다. 뭔가 막연하기만 하죠. 그래서 제가 그 이야기를 해 보려 합니다.

저는 지난 20여 년간 정보 통신 기술 분야 전문 마케터로 일하면서 시장의 흐름과 변화를 읽어 왔습니다. 그 경험을 바탕으로 보다 정확하고 세밀한 시각으로 데이터과학자에 관해 쉽고 재미있게 설명해 보겠습니다.

여러분, 〈나 홀로 집에〉라는 옛날 영화를 아시나요? 크리스마스 시즌 미국 뉴욕을 배경으로 혼자 집에 남은 어린이가 겪는 모험을 유쾌하게 그려 낸 영화랍니다. 이 영화 속에서는 구급차 사이렌 소리가 자주 들리는데요, 실제로도 그 시즌에 구급차 출동이 빈번하다고 합니다. 크리스마스 무렵 뉴욕에서 구급차를 부르는 가격은 100만 원이 훌쩍 넘을 정도로 비쌉니다. 그런데도 크리스마스 시즌에 왜 유독 수많은 구급차들이 출동했던 것일까요? 원인은 바로 칠면조 요리 때문이었죠.

노인들이 포도주와 함께 염분 함량이 높은 칠면조 고기를 먹으면 폐와 심장에 큰 무리가 갈 수 있다고 합니다. 그동안 많은 사람들이 이 사실을 모른 채 크리스마스에 칠면조 요리를 먹었던 것입니다. 어떤 의사도 알아차리지 못했던 문제의 원인을 마이크로소프트사의 에릭 호비츠 Eric horvitz 이라는 데이터과학자가 밝혀냈다는 사실, 믿어지나요? 호비츠는 무려 30만 명의 환자 데이터를 분석해 원인을 알아냈습니다.

네, 데이터를 통해서요!

데이터를 요리하라!

자, 그렇다면 데이터란 무엇일까요? 일상에서 흔히 쓰고 있지만 갑자기 개념을 물으니 답하기 어려울 거예요. 아무리 심오한 학문이라도 첫걸음은 개념 이해부터 시작해야겠죠!

사전적 정의에 따르면, 데이터는 '의미 있는 정보를 가진 모든 값'입니다. 어떤 사실, 명령, 수치 등을 숫자, 문자, 기호 등으로 표현한 것이고, 이런 데이터에 특정한 의미가 부여될 때 '정보'가 됩니다. 데이터 자체는 단순한 사실에 불과하나, 일련의 처리 과정을 거쳐 정보가 되는 기초 자료로 쓰이는 거죠.

예를 들어 볼게요. 우리 동네에 비가 얼마나 내리는지 매일 측정한다고 해 봅시다. 어제는 10mm, 오늘은 맑아서 0mm. 이런 식으로 한 달을 측정했습니다. 비가 내렸다는 '사실'을 숫자로 표현해 우리 동네

강우량 '데이터'를 만든 셈입니다. 하지만 이 데이터만으로는 정보가 되지 못합니다. 작년 같은 달에 우리 동네에 비가 얼마나 왔는지, 또는 다른 동네와는 얼마나 차이가 나는지 데이터끼리 비교하고 분석하는 과정을 거쳐 보기로 해요. 그러면 "작년보다는 비가 적게 왔고, 다른 동네와는 비슷한 수준이다."라는 '정보'를 얻어 낼 수 있습니다.

앞의 예에서 만약 한 달이 아니라 1년 내내 강우량을 측정해서 데이터화하면 어떤 정보를 알아낼 수 있을까요? 또 우리나라의 지역별 강우량 전체를 데이터화하면 어떤 다른 정보가 나올까요? 여기에 바람이 얼마나 부는지, 온도 변화는 어떤지 등 다른 기상 데이터를 융합한다면 우리는 훨씬 더 많은 정보를 얻을 수 있고, 이를 바탕으로 날씨를 예측할 수도 있겠죠.

다시 정리하면 '데이터'를 기초로 정보를 모으고 이를 처리하는 과정에서 우리는 이용 가치가 있는 '지식'을 얻고, 거기에 경험을 더해 해결 방안을 제시할 수 있는 '지혜', 즉 '통찰력'을 갖게 됩니다. 이 통찰력이 바탕이 되어 앞으로의 상황을 '예측'하는 일까지 가능한 것이죠. 이 과정을 통틀어 데이터과학Data Science이라고 합니다.

사실 데이터과학은 10년 남짓 된 신생 분야이기 때문에 데이터과학에 대한 명확한 정의는 아직도 논의 중이에요. 데이터를 분석하고 활용하는 부분만 떼어서 보면 통계학과 비슷하고, 방대한 데이터에서 의미 있는 규칙을 찾고 이를 통해 예측하는 과정이라는 점을 부각하면 데이터 마이닝data mining과도 비슷하거든요. 한 가지 분명한 점은 데이터과학은 이 두 분야를 포함하는 융합 학문이라는 것이지요.

그래서 데이터과학자는 여러 학문을 두루 공부해야 합니다. 통계학, 컴퓨터과학, 수학, 프로그래밍은 물론 디지털 세상이 뿜어내는 대량의 빅 데이터[1], 컴퓨터 학습을 가능하게 하는 머신 러닝[2], 머신 러닝을 대표하는 인공지능과 딥러닝 Deep Learning, 사물이 인터넷으로 연결돼 서로 정보를 주고받는 사물인터넷 등 최신 기술에 대해서도 빠르게 습득해 나가야 하지요.

그런데 데이터과학자는 대체 어떠한 업무를 수행하길래 이 많은 지식이 필요할까요? 데이터과학자는 프로그래밍 언어를 사용해서 데이터를 분석하고, 수많은 데이터에서 일정한 패턴을 찾아내는 일을 한다고 이야기하는 사람도 있어요. 그래서 데이터과학자를 컴퓨터 프로그래머나 통계학자로 오해하는 것이고요. 또 데이터 분석을 의뢰한 회사에 수익 창출을 가져다주는 컨설턴트의 역할을 강조하는 사람도 있습니다. 물론 이 모든 일을 데이터과학자가 수행합니다. 그러나 저는 데이터과학자의 업무를 이야기할 때 '가치'를 강조합니다. 데이터과학자는 데이터에 숨겨진 '가치'를 찾고, 비즈니스 등 여러 분야에서 새로운 '가치'를 창출하는 사람들이기 때문입니다.

◇◇◇◇◇◇◇◇◇◇

1 빅 데이터: 디지털 환경에서 생성되는 대규모 데이터. 생성 주기가 짧으며, 수치 데이터뿐 아니라 문자와 영상 데이터 등의 형태를 포함한다.
2 머신 러닝: 인공지능의 한 분야로, 컴퓨터가 학습할 수 있도록 알고리즘(문제 해결을 위한 절차, 방법, 명령어들의 집합 또는 계산식)과 기술을 개발하는 것.

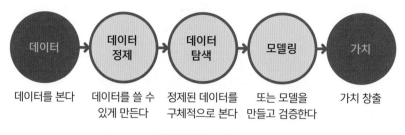

데이터를 본다 | 데이터를 쓸 수 | 정제된 데이터를 | 또는 모델을 | 가치 창출
있게 만든다 | 구체적으로 본다 | 만들고 검증한다

〈데이터 분석 프로세스〉

데이터과학자의 업무 흐름은 데이터 분석 프로세스를 중심으로 살펴볼 수 있습니다. 데이터 분석의 대전제 역시 가치를 찾고, 가치를 창출하는 데 있습니다. 데이터과학자의 본질도 이와 같고요.

가치를 찾으려면 가장 먼저 무엇을 해야 할까요? '데이터' 그 자체를 봐야 합니다. 데이터의 민낯을 보면서 '데이터 정제' 과정을 거치지요. 잘못된 데이터는 걸러 내고, 분석에 적합한 형태로 만들어 주는 겁니다. 그다음 '데이터 탐색'은 엑셀 파일을 열어 숫자 하나하나까지 뜯어보는 일을 포함한 대단히 구체적인 분석 과정입니다. 모델링은 프로젝트에 따라 필요한 경우에만 수행하는 단계로 분석 알고리즘을 활용해 예측 모델을 구축하는 것입니다. 이러한 데이터 분석 과정을 통해 이전에 없던 가치가 만들어집니다.

그렇다면 데이터과학자들이 도출한 데이터 분석 결과는 어떤 역할을 수행할까요? 금융, 유통, 정부, 의료 등 각 분야에서는 이를 가지고 새로운 전략과 상품을 개발합니다. 예를 들어 어떤 기업이 SNS 소비자 데이터 분석을 통해 신상품을 개발하고 유통 데이터 분석을 통해 유통을 개선한다면 기업 가치는 상승하겠지요?

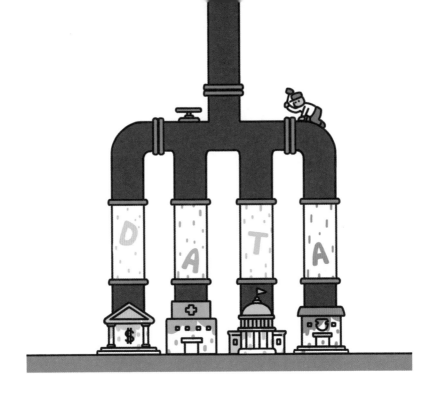

　그런데 지금 데이터가 이렇게 주목받는 이유는 무엇일까요? 거듭 말하지만 데이터 자체는 사실이자 재료일 뿐입니다. 그리고 아주 오래전부터 우리 곁에 존재했지요. 원래 있던 재료가 다시금 주목받는 이유는 새로운 요리법과 보관법이 등장했기 때문입니다.

　이전에는 데이터를 일일이 수집할 방법이 없었습니다. 그런데 디지털 세상이 도래하면서 기술 발전으로 대규모 데이터까지 수집·저장·분석·활용이 가능해졌어요.

　데이터는 디지털 시대의 마르지 않는 원유原油로 불립니다. 가공되지 않은 원유는 어디에도 쓸 수 없는 자원이죠. 하지만 깔끔하게 정제한 원유는 의류, 세제, 의약품 등 수많은 부가 상품을 만들어 낼 수 있습니다. 데이터라는 원유는 시간과 장소를 가리지 않고 쏟아져 나오며 정제 과정을 거쳐 데이터과학자의 분석 방식에 따라 새로운 가치를 만들어 냅니다.

데이터과학을 정유 업체에 비유한다면, 데이터과학자는 이 새로운 시대에 가장 주목받는 자원을 다루는 전문가입니다. 갈수록 더 많은 기업에서 데이터를 읽는 통찰력을 갖춘 데이터과학자를 절실히 원할 것입니다.

데이터 시대, Mr. Yun의 하루

데이터는 우리 일상을 바꾸고 있습니다. 내 일상 어디에 데이터가 있나 싶겠지만, 이미 데이터는 우리 생활 깊숙이 들어와 있답니다. 제 하루에 여러분을 초대하죠.

AM 6:00 기상
알렉사, 알람 꺼 줘! (음성인식 AI, 500MB)

오늘도 음성인식 인공지능 개인 비서 '알렉사alexa'의 목소리에 눈을 떴습니다. 평소보다 저를 일찍 깨웠네요. 어제 저녁에 알렉사에게 오늘은 일찍 일어나야 한다고 일러뒀기 때문이죠. 알렉사는 제가 눈을 뜨자마자 하루 일정에 대해 꼼꼼하게 알려 줍니다. 7시 출근, 9시 오전 미팅, 12시 점심 약속, 2시 오후 미팅……. 줄기차게 쏟아지는 업무 일정.

알렉사가 없었으면 이미 몇 개는 잊어버렸을 수도 있겠어요. 이른 시간이라 피곤하지만 오늘도 힘차게 시작해 봅니다.

"알렉사, 알람 꺼!"

'알렉사'는 미국 전자상거래 업체 아마존이 개발했어요. 애플의 시리Siri, 삼성의 빅스비Bixby, SK텔레콤의 누구NUGU의 친구쯤 되겠네요. 아마존에서 파는 원통형 스피커 '에코Echo'를 구입해 설치하면 우리 집은 알렉사의 관리하에 들어갑니다. 알렉사는 사용자가 연동한 전자 기기를 제어하거나 오늘의 뉴스, 스케줄을 정리해 주죠.

알렉사는 기존 기기와 달리 음성만으로 간단하게 제어가 가능해 획기적인 변화를 일으켰습니다. 알렉사와 연결된 집 안 전자 기기를 음성으로 끄거나 켤 수 있고, 물건을 구매할 수도 있습니다. 앞으로의 가능성은 더 무궁무진합니다.

알렉사의 무한한 가능성은 2017년 1월 개최된 국제전자제품박람회 CES에서 확인되었습니다. 아마존은 이 전시회에 참여하지 않았고 알렉사를 소개하는 개별 부스가 없었음에도 이 전시회의 주인공은 단연 알렉사였습니다. 삼성전자, LG, 월풀 등 난다 긴다 하는 세계 주요 전자 기기 업체는 물론이고 폭스바겐, 포드 등 자동차 업체들까지도 자사 제품에 알렉사를 탑재해 전시회에 참가했기 때문이죠. 어디에도 없지만 어디에나 있었던 알렉사! 말 그대로 '의문의 1승'을 거뒀습니다.

알렉사의 등장은 인공지능이 앞으로 우리 삶을 얼마나 바꾸어 놓을지 잘 보여 줍니다. 알렉사는 지금 우리 집에 흩어져 있는 데이터를 하나로 묶어 주고 있죠. 각각의 알렉사가 취합한 데이터가 하나로 모인다

면? 그 부가 가치는 엄청나겠지요.

알렉사 같은 인공지능 기술이 더 발전한 미래를 상상해 볼까요. 냉장고를 사용하면서 불편한 점을 알려 주면 냉장고의 인공지능이 이 정보를 취합해 가전제품 회사로 전달할 겁니다.

상품은 제조 회사가 만들지만, 그 상품을 가치 있게 만드는 힘은 인공지능 기술이 되겠죠. 수많은 기업들이 흩어진 데이터를 수집하고 분석하는 데 집중하는 이유입니다.

요즘 우리나라의 많은 대기업들이 음성인식 개인 비서를 저가 판매하거나 무료 배포하고 있습니다. 고객 데이터를 수집하여 다양한 상품과 서비스를 만들 수 있다는 확신 때문에 가능한 투자입니다. SK텔레콤의 경우, 내비게이션 서비스인 T맵에 음성인식 개인 비서 '누구'를 탑재해 이동 데이터와 함께 개인 활동 전반에 대한 데이터를 수집하고 있

습니다. 카카오는 카카오M 음악 스트리밍 서비스에 '누구'와 '빅스비'를
탑재하기 시작했습니다.

AM 7:00 출근길
헉, 벨킨! 나 전기장판 안 끄고 나온 거 같은데? (IoT 디바이스, 100MB)

정신없는 출근길 아침. 불현듯 전기장판을 안 끄고 나왔다는 사실이
떠올랐습니다. 큰일이죠. 다시 집에 갈 수도 없고, 위험하게 그대로 켜
둘 수도 없고요. 하지만 괜찮습니다. 이런 일은 벨킨Belkin에게 부탁하
면 되니까요. 벨킨? 어디선가 들어 보지 않았나요? 휴대폰 케이스로 유
명한 전자 제품 제조 업체인 그 벨킨이 이제는 명실상부한 사물인터넷
기기 회사가 되었습니다.

벨킨 위모의 미니 스마트 플러그
ⓒGregory Varnum(위키피디아)

벨킨의 스마트홈 IoT 브랜드 위모Wemo에서는 각종 스위치, 소켓,
웹캠 등을 선보이고 있습니다. 최근에는 다국적 조명 기업인 오스람
Osram과 손을 잡고 스마트 전구를 만들었고 커피메이커, 가습기, 공기

청정기 등 사물인터넷으로 제어하는 다양한 제품을 만들고 있습니다. 요즘은 우리나라에서도 이런 스마트홈 기기가 많이 나오고 있는데요. 이렇게 하나둘씩 집 안의 기기가 인터넷에 연결된다면, 나중에는 연결이 되지 않는 기기를 불편하다고 느끼겠죠. 사람들이 이런 상황에 익숙해지는 때가 오면 사물인터넷 시장은 더욱 폭발적으로 성장할 겁니다.

우선은 우리 집 벨킨에게 전기장판을 꺼 달라고 해야겠습니다. 똑똑한 벨킨 덕분에 휴, 이제 안심입니다.

AM 8:00 회사 앞
내 맘을 아는 자동차 회사 (자율주행 자동차, 500MB)

세상에! 회사 앞에 나의 드림카 테슬라TESLA 매장이 생겼습니다. 해야 할 업무가 많지만 도저히 눈을 뗄 수가 없군요! 세계적으로 유명한 전기차 생산 업체 테슬라가 2017년 드디어 한국에 상륙했습니다. 매일 인터넷 검색으로만 봤던 테슬라 자동차, 실물로 보니 훨씬 멋지네요.

통장 잔고를 생각하며 가까스로 사무실로 발걸음을 옮겨 봅니다.

사무실로 돌아와 컴퓨터를 켜고 페이스북을 열었더니, 세상에, 어떻게 안 건지 테슬라 광고로 도배되어 있습니다. "안 돼! 정신 차려야겠어!" 페이스북을 끄고 유튜브를 켰더니 여기엔 또 테슬라 자동차 시승기, 테슬라 자동차 구매기! 아무래도 테슬라가 어디서 날 보고 있는 것 같습니다.

실제로 보는 것만큼 정확한 것, 바로 데이터죠. 테슬라뿐 아니라 우리나라의 현대자동차, 기아자동차 모두 빅 데이터 본부를 운영하고 있습니다. 우리가 인터넷상에 남긴 그들 회사와 제품에 관한 모든 댓글, 검색 기록들을 부지런히 모니터링하고 분석하고 있죠.

제가 평소 테슬라 자동차 가격을 검색하고 테슬라 관련 콘텐츠를 열심히 본 것이 기록에 남았겠군요. 자동차 커뮤니티에 테슬라 자동차를 사고 싶은데 이러저러해서 고민이 된다고 쓴 글도 모니터링했을 겁니다. 기업의 빅 데이터 본부는 이런 데이터를 수집하고 분석해 저와 비슷한 고객이 좋아하는 콘텐츠는 무엇인지, 어떤 광고 메시지를 던져야 할지 계획을 수립합니다. 짧은 글 한 줄, 사소한 검색 한 번이 시장을 바꾸는 영향력을 가진 데이터가 되는 겁니다.

PM 1:00 업무 시간
IBM 왓슨, 시장 분석 보고 자료 부탁해 (머신 러닝, AI, 1,000MB)

이번 달 정보 기술Information Technology, IT 시장에 대한 분석 리포트를 쓸 시간이 왔습니다. 리포트 작성은 언제나 어려운 일이지만 저에겐 든든한 보조가 있죠. 왓슨! 명탐정 셜록의 조수 왓슨이냐고요? 이는 IBM이 개발한 인공지능 플랫폼 '왓슨Watson'입니다. 리포트 작성에 필요한 자료를 왓슨에 입력하면 왓슨이 알아서 자료를 정리하고 리포트를 작성합니다. 그럼 저는 뭘 하냐고요? 어떤 리포트를 작성할 것인지 주제와 방향에 대해서만 고민하면 됩니다.

구글의 알파고AlphaGo는 다들 아실 거라 생각합니다. 2016년 천재 바둑 기사 이세돌과 바둑 대결을 해 인간을 이긴 인공지능으로 유명해진 알파고. 구글에 알파고가 있다면 IBM에는 왓슨이 있습니다. 왓슨은 알파고보다 5년 먼저 인간과 대결을 펼쳤습니다. 미국의 유명 퀴즈쇼 〈제퍼디Jeopardy!〉에 출연해 인간 챔피언 연합팀을 꺾고 퀴즈 제왕 자리에 올랐죠.

TV에서는 주로 인간과 인공지능의 대결을 보여 주지만 현실에서 인공지능은 함께 일해야 할 동료입니다. 앞으로는 인공지능을 어떻게 활용하느냐에 따라 일의 속도가 달라질 테니까요. 마음만 먹으면 여러분도 당장 왓슨을 사용해 볼 수 있습니다. 2016년부터 IBM은 왓슨 모바일 플랫폼을 개인이 무료로 이용할 수 있도록 개방했거든요. 인공지능과의 협업, 먼 이야기가 아닙니다. 지금 바로 활용 가능한 기술입니다.

PM 4:00 휴식
주말에 병원에 좀 들러야겠는걸 (DNA 분석, 1,000MB)

약간 나른한 오후 네 시. 반가운 메일이 한 통 왔습니다. 보낸 이는 '23앤미23andMe'. 3주 전에 저는 작은 키트에 침을 뱉어 이 회사에 보냈습니다. 그리고 오늘 그 침을 통해 제가 어떤 병에 취약한지 분석 결과를 받았어요.

23앤미는 지금 미국에서 엄청난 화제를 몰고 다니는 기업입니다. 구매자의 침을 시료로 유전자 분석을 해서 암, 당뇨, 고혈압, 알츠하이머 등 취약한 병을 알려 주는 서비스를 시행하고 있지요. 그리고 정보 제공에 동의한 고객의 유전자 데이터를 기반으로 제약 회사와 신약을 개발하는 등 여러 사업을 진행합니다.

23앤미의 DNA 채취 키트(출처: 23앤미 홈페이지)

2013년, 미국의 유명 배우 안젤리나 졸리는 유방암에 걸리지 않았는데도 유방 절제 수술을 받았습니다. 졸리의 유전자에서 유방암에 걸릴 확률이 87%라는 분석 결과가 나왔기 때문이죠. 미리 유방 절제술을 했기에 이제 그녀는 암에 걸릴 확률이 5%로 낮아졌습니다. 졸리의 사례는 유전자 분석을 통한 질병 예방 치료가 본격적으로 알려졌습니다.

현재 해외에는 23앤미를 비롯해 그레일, 프리놈, 일루미나, 휴먼롱제비티, 카운실 등 유전자 분석을 기반으로 한 스타트업 기업들이 즐비하게 등장하고 있습니다. 이들의 기업 가치는 무려 1조 원 이상입니다.

이제 우리는 침을 뱉는 것만으로도 자기 유전자 정보를 알 수 있게 되었습니다. 이런 연구가 좀 더 발전한 미래의 모습은 어떨까요? 예를 들어 10만 원 상당의 유전자 분석 서비스를 통해 암에 걸릴 확률이 낮다는 걸 알고 나면 암 보험에 굳이 가입하지 않겠죠? 이런 서비스가 대중화된 미래에 '보험'은 어떤 역할을 하게 될까요? 우리는 이 변화의 흐름을 꿰고 있어야 합니다.

PM 7:00 저녁 식사
O2O 서비스로 즐기는 여유로운 저녁 (챗봇, 핀테크, O2O, 1,000MB)

오늘 저녁은 식구들과 외식을 하기로 했습니다. 예전 같으면 전화로 식당을 예약하고 헐레벌떡 퇴근해 막히는 도로 위에서 손을 흔들어 택시를 잡았겠지만, 이젠 여유롭게 식당 예약 애플리케이션인 '포잉'을 켜서 후기가 좋은 식당을 예약합니다. 그사이에 '카카오택시'로 부른 택시가 도착했네요. 느긋하게 이동해서 레스토랑에 도착하니 종업원이 안쪽 자리로 안내합니다. 앱으로 예약할 때 조용한 자리를 달라고 요청했거든요. 맛있게 식사를 마치고 나서 결제하려고 계산대 앞에 서 있을 필요가 없습니다. 예약과 동시에 결제까지 원스톱으로 끝냈으니까요.

이 완벽한 저녁 식사를 완성한 것은 온라인과 오프라인을 연결하는 각종 O2Oonline to offline[3] 서비스들입니다. O2O 서비스 하면 떠오르는 이름이 있나요? 카카오택시, 카카오헤어숍 등 카카오가 그 선두 주자인데요. 우리나라뿐 아니라 전 세계적으로 O2O 서비스는 주로 메신저 플랫폼을 중심으로 발전했습니다. 중국의 메신저 서비스 위챗WeChat이 대표적이지요.

중국의 구글이라고 할 수 있는 텐센트Tencent가 서비스하는 모바일 메신저 위챗은 택시 호출이나 식당 예약부터 음식 주문과 결제까지 완벽하게 하나의 플랫폼에서 해결됩니다. 우리나라에서는 여러 개의 서비스를 이용해야 가능한 일이 중국에서는 위챗 하나로 끝나죠.

중국 여행을 가서 저녁 식사를 예약한다고 가정해 볼까요? 위챗 앱을 열어 마음에 드는 식당을 예약합니다. 식당에 도착해서 음식 주문도

◇◇◇◇◇◇◇◇◇◇

3   O2O: 온라인과 오프라인이 결합하는 현상. 온라인 사이트, 모바일 어플리케이션 등을 통해 오프라인 서비스를 이용하는 현상을 주로 말한다.

위챗으로 하면 됩니다. 식당의 'QR코드'를 스캔해 음식을 주문하고 간편 결제 시스템인 '위챗페이'를 통해 결제까지 깔끔하게 마무리! 중국에서는 '위챗 식당'이라고 불리는 패턴입니다.

위챗의 기능은 여기서 끝이 아닙니다. 식당을 나가면서 택시를 잡고, 택시비를 결제하는 것까지 모두 위챗에서 가능! 위챗은 필리핀을 비롯한 동남아 결제 시장에서도 유사한 서비스를 제공하고 있습니다. 중국의 세계 통일은 위챗으로 가능할지도 모릅니다.

우리나라에선 아직 규제의 문제로 많은 제약이 있습니다. 하지만 규제 변화는 언제든지 일어날 수 있는 일이죠. 위챗과 같은 서비스가 우리 모두에게 익숙해지는 미래를 상상해 보세요. 우리의 생활은 180도 달라질 겁니다.

PM 9:00 퇴근 후
내가 좋아할 만한 신작 없어? (추천 시스템, 1,000MB)

이제 집에서 여유로운 저녁 시간을 보내 볼까 합니다. 오랜만에 늘어져서 영화를 한 편 보고 싶은데요. 이럴 땐 넷플릭스죠. 넷플릭스를 열자마자 제 취향에 딱 맞는 영화들이 메인 화면에 올라와 있네요. 제가 봐 왔던 시청 데이터를 바탕으로 개인화 분석을 끝냈기 때문이죠.

넷플릭스를 '그냥 드라마랑 예능 보는 스트리밍 사이트 아냐?' 하겠지만, 사실 넷플릭스는 탁월한 데이터 분석 기업입니다. 2006년 넷플릭스는 수학자, 컴퓨터, 공학자, 인공지능 엔지니어 등을 영입해 고객이 이전에 시청한 영화 목록과 영화에 매긴 평점 등의 데이터를 분석하는

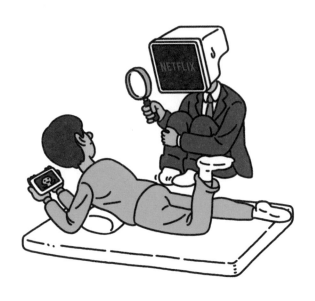

시네매치Cinematch라는 추천 시스템을 개발했습니다.

시네매치는 어떤 원리로 영화를 추천할까요? 우선 넷플릭스는 어마어마한 양의 데이터를 분석합니다. 2500만 명 이용자들의 일시 정지, 되감기 등 이용 행태 데이터, 평균 400만 건의 이용자 평가와 300만 건의 검색 정보, 시청 형태 데이터를 비롯해 소셜 데이터까지 포함해 분석하지요.

일반적인 개인화 추천 시스템은 여러분이 좋아하는 영화를 본 다른 사람들이 어떤 영화를 좋아했는지 분석합니다. 넷플릭스는 거기에 그치지 않고 콘텐츠를 자세히 나누었습니다. 주인공 성격이 호탕한 로맨틱 코미디, 슬프게 끝나는 로맨틱 코미디⋯⋯. 이러한 식으로 넷플릭스 추천 알고리즘에 쓰이는 분류 체계가 7만 개나 된다고 합니다. 넷플릭스는 고객이 처한 상황과 심정 등을 파악할 수 있는 분류 체계와 빅 데이터 분석 기법을 가동해 맞춤옷 같은 영상을 추천해 줍니다.

넷플릭스는 콘텐츠를 많이 보유한 기업이 아닙니다. 1만여 개의 콘텐츠는 경쟁사 대비 8분의 1 수준이죠. 상대적으로 적은 양의 콘텐츠로도 7,000만 명의 회원이 질리지 않고 계속해서 넷플릭스를 보게 만드는 힘, 바로 데이터에 있습니다.

PM 11:00 야식
제2의 인생 설계는 카드사와 함께 (거래 데이터 가공, 100MB)

아, 영화를 시청하다 보니 출출해지네요. 야식은 역시 치킨이죠. 집 앞 치킨집에서 닭을 주문하고 기다리는데 저와 비슷한 연배의 치킨집 주인이 눈에 들어옵니다. '그래, 나도 언제 제2의 인생을 시작해야 할지 몰라.' 미래가 불안한 사십 대 가장으로서 주인에게 동질감이 느껴지네요. "어떻게 창업하게 되셨어요?" 주인에게 넌지시 묻자 의외의 대답이 돌아옵니다. "BC카드가 소개해 줬어요." 어라? 이게 도대체 무슨 소리?

카드사는 카드를 사용하는 고객의 결제 내역과 고객의 생활 동선을 파악해 관련 창업에 적합한 데이터를 만들어 프랜차이즈 기업에 제공합니다. 개인 정보는 건드리지 않는 범위에서 치킨이 가장 잘 팔릴 장소의 데이터를 제공하는 거죠. 직감이나 입소문에 의존해서는 창업 결과를 정확히 예측할 수 없습니다. 데이터를 이용해 더 합리적인 선택을 할 수 있게 된 겁니다. 아, 오늘 제가 먹은 닭 한 마리도 누군가를 위한 창업 데이터가 되겠죠?

이렇게 저의 하루를 함께해 보셨습니다. 이제 우리가 데이터 시대에 살고 있다는 게 실감 나기 시작하나요? 여기서 주목해야 할 점은 제가 움직일 때마다 데이터가 발생했다는 사실입니다. 아마존 알렉사 서비스 이용 데이터, 치킨 결제 데이터 등등 총 5,200MB의 데이터가 생겨났지요. 이 데이터들은 수집과 분석을 거쳐 각각의 기업에서 활용될 것입니다. 이제 나의 하루를 가져간 기업들이 그 데이터로 어떤 일을 하는지 집중해서 살펴보겠습니다.

2장

제발 우리 기업을
구해 줘!

데이터 해결사가 이끄는 기업 혁신

- 윤현집

기업들이 데이터를 통해서 얻고 싶은 것은 뭘까요? 답은 간단합니다. 바로 혁신입니다. 혁신하는 기업만이 살아남을 수 있습니다. 그럼 어떻게 해야 '혁신'할 수 있을까요. 혁신의 비결을 단적으로 보여 주는 어느 전설적인 경기를 만나 보죠.

1974년, 떠오르는 신예 권투 선수 조지 포먼과 은퇴를 앞둔 전 챔피언 무하마드 알리의 대결이 있었습니다. 많은 사람들은 젊고 강력한 신예 조지 포먼의 승리를 점쳤죠. 나비처럼 날아 벌처럼 쏜다는 전설의 알리였지만 알리는 이미 선수로서 내리막길을 걷던 상황……. 상식적으로 알리가 이길 수 없는 경기였습니다.

하지만 이 경기의 승자는 무하마드 알리였습니다. 알리는 대체 어떻게 이겼을까요?

복싱 스타일과 나이 차 등에서 이미 불리한 상황이었던 알리는 트레이너와 함께 조지 포먼에 관한 데이터를 수집해 상대의 복싱 스타일을 모조리 파악합니다. 조지 포먼의 강펀치에 맞설 맷집 단련 훈련을 하고, 자신의 특기인 민첩성은 더욱 살렸죠. 그 결과 경기는 모두의 예상을 꺾고 조지 포먼의 패배, 무하마드 알리의 승리로 종료됐습니다.

데이터로 혁신하라!

무하마드 알리의 승리 비결은 기업에 똑같이 적용할 수 있습니다. 기업도 데이터를 활용해 맷집을 기르고 민첩해져야 합니다. 그런 기업만이 '혁신'할 수 있습니다.

1997년 중국의 한 전자 제품 회사에 고객의 AS 요청이 들어왔습니다. '세탁기 배수관이 자주 막혀 불편을 겪고 있다'는 내용이었습니다. 조사해 보니 농부인 고객이 세탁기로 고구마를 씻는 바람에 찌꺼기가 배수구를 막아 문제가 생긴 것이었습니다. 직원은 황당함을 감추지 못하고 사장에게 달려가 이 상황을 보고했습니다. "사장님 어떤 농부가

무식하게 세탁기로 고구마를 씻고 있습니다." 보통은 정말 별 이상한 사람이 다 있다며 웃고 말았겠죠. 하지만 이 회사의 사장은 달랐습니다. "그래? 그렇다면 고구마 전용 세탁기를 만들자!"

실제로 6개월 뒤 고구마 세탁기가 출시됐고 엄청난 인기몰이를 하며 높은 판매고를 기록했습니다. 단순히 시골 농부가 빚어낸 해프닝으로 그칠 법한 사건을 하나의 고객 이용 데이터로 인식해 민첩하게 신제품을 출시하고 새로운 매출을 창출한 혁신 사례입니다.

고구마 세탁기 하나 가지고 너무 큰 의미 부여하는 거 아니냐고요? 이 회사가 바로 미국 가전제품 브랜드의 자존심이던 제너럴일렉트릭 GE을 2016년 인수한 중국의 하이얼Haier 입니다. 고구마 세탁기를 만들던 작은 회사가 이제 세계 시장에서 삼성, LG와 대결하는 기업이 된 거죠.

데이터를 이용한 혁신은 온갖 분야에 적용됩니다. 심지어 닭 농장에도요! '닭 기르는 데 무슨 데이터?'라고 생각하면 오산이에요. 우리나라 사람이라면 모르기가 어려운 닭고기 가공 업체의 대명사 하림은 기업 내외부 데이터를 통합해 혁신을 이뤄 낸 대표적인 기업입니다. 하림의 연 매출은 5조 원 이상입니다. NS홈쇼핑, 선진크린포크 돼지고기, 미국계 앨런이라는 가공사도 하림의 계열사죠. 닭고기 하나만으로 이뤄 낸 거대한 하림의 성장, 어떻게 가능했을까요?

그 비밀을 찾아 하림의 닭 가공 공장으로 가 보시죠. 하림의 공장은 완전 자동화되어 있을 뿐 아니라 엄청난 데이터가 오고 가는 곳입니다. 정밀 카메라와 각종 센서를 결합한 자동 선별 시스템을 통해 영상 판독

으로 닭의 상태를 파악합니다. 닭이 카메라 앞을 지나갈 때마다 닭의 어느 부위를 잘라야 하는지 부위별로 선을 긋고, 닭이 멍이 들었는지, 무게는 어느 정도인지 등을 파악해 최종적으로 몇 등급의 닭고기인지 판단합니다. 이 시스템은 닭의 상태를 실시간으로 모니터에 전송해, 육안 검사로는 얻을 수 없었던 다양한 데이터를 바로바로 수집하고 조회할 수 있습니다.

만약 멍이 든 불량 등급의 닭고기가 나왔다면? 데이터를 분석해 닭을 기른 농장에 조치를 취합니다. 농장주에게 불량에 대한 주의를 주고, 가격도 조정하겠죠. 어떻게 이런 유연한 데이터 활용이 가능할까요? 바로 농장, 공장, 시장의 '3장 통합'을 이뤄 냈기 때문입니다.

예전에는 농장과 공장이 하나의 프로젝트를 함께 진행하더라도 서로 유연하게 의견을 주고받기가 힘들었습니다. 하지만 발전한 IT 기술로 데이터를 연결시켰기 때문에 내부에서 유연하게 데이터를 주고받게 되었죠. 하림의 데이터 통합은 단순히 내부에서 끝나지 않습니다.

하림에서는 달걀 부화 시기를 결정하는 것이 무척 중요한 문제입니다. 닭이 시장에 지나치게 많이 공급되어서 값이 떨어지지 않도록 일정한 양을 부화시켜야 합니다. 예를 들어, 삼계탕을 많이 먹는 초복 즈음에는 닭이 많이 필요할 테니 그에 맞춰 미리 달걀을 부화시켜야겠지요. 그런데 갑작스러운 변화에는 어떻게 대응할까요? 조류독감이 유행해서 닭 수요가 줄어든다든지, 국가 대항 스포츠 경기 중계로 치킨 주문이 크게 늘어난다든지요.

하림은 이 문제를 해결하기 위해 외부 데이터와 오픈 데이터까지 통합해 분석했습니다. 외부 데이터로는 소셜 미디어를 분석해서 얻은 소셜 데이터 등이 있고, 오픈 데이터는 개방되어 있는 데이터로 날씨, 전력 사용량의 공공 데이터 등을 말합니다. 하림은 정부가 제공한 오픈 데이터를 바탕으로 조류독감 시기를 판단해 부화를 줄입니다. 그리고 소셜 데이터 분석으로 치킨 열풍을 감지해 부화를 늘리죠. 기업 안팎의 모든 데이터를 통합해 혁신을 이뤄 내고 있는 모습입니다.

데이터 생태계가 온다!

자, 지금부터 여러분께 하림을 경영할 기회를 드리겠습니다. 단, 1년 안에 수익을 두 배로 늘려야 계속해서 경영할 수 있습니다. 어떤 방법을 써야 할까요?

수출을 늘린다? 이미 해외 시장도 포화 상태입니다. 다른 회사를 인수한다? 두 배 이상 투자해도 1년 안에 수익을 두 배로 늘리긴 쉽지 않을 겁니다.

만약 여러분이 코카콜라와 펩시콜라가 가장 많이 팔리는 판매점 데이터를 거머쥐게 된다면 어떨까요? 또 맥주를 많이 소비하는 고객의 데이터를 얻을 수 있다면, 혹은 음식 배달 전문 앱인 '배달의민족' 고객 데이터를 확보한다면 어떨까요? 치킨 판매량을 서너 배 이상 늘릴 묘수를 만들 수 있을까요?

저라면 음료와 주류 회사의 판매 데이터를 가져와서 융합해 보겠습니다. 어떤 데이터를 어떻게 활용하느냐에 따라 수익을 두 배가 아니라 그 이상으로 늘릴 수 있습니다.

다른 예를 들어 볼게요. 나이키 브랜드를 굉장히 좋아하는 소비자가 있다고 칩시다. 이 사람이 친구 따라 골프를 시작했는데, 그러자마자 나이키에서 골프 용품 30% 할인 쿠폰이 날아왔어요. 나이키 브랜드로 골프 용품 세트를 살 확률이 어마어마하게 올라가겠죠. 나이키는 어떻게 소비자가 골프를 시작했는지 알게 되었을까요? 미국 같은 데이터 산업 선진국들은 다른 업종의 데이터를 구매해서 우리가 어떤 제품에 관심을 보일지 미리 파악하죠. 골프 잡지를 구독하기 시작했다면, 나이키에서 내 관심사가 바뀐 것을 알고 골프 용품 쿠폰을 보내는 식이에요.

다시 치킨 판매 이야기로 돌아와서, 맥주 구매자의 데이터를 치킨 회사가 구할 수 있다면 그들에게 치킨을 팔 수 있을 뿐 아니라 어디에서 치킨이 가장 많이 팔릴지까지 예측할 수 있는 거죠. 하지만 우리나라에서는 이러한 데이터 거래와 유통에 제약이 있습니다. 특히 개인 정보 유통은 엄격히 통제하는 사업 영역이지요. 미국에서는 A 씨의 이름과 주요 정보를 암호화하여 경쟁사에 판매할 수 있지만, 우리나라에서는 불법입니다.

데이터 산업 선진국에서는 데이터와 데이터가 서로 연결되기 시작하면서 이전에 없던 산업이 속속 생겨났고, 그 시장 규모도 엄청나게 커지고 있습니다. 이러한 데이터 거래 환경을 통틀어 '데이터 생태계'라고 부릅니다.

데이터 산업 선진국은 데이터 생태계가 잘 조성되어 있습니다. 데이터 생태계에는 개인이 만들어 내는 통신, 거래, 교통 등 모든 데이터를 중간에서 유통하는 데이터 브로커거래상이 존재합니다. 데이터 브로커는 각종 데이터를 수집해 둡니다. 예를 들면 통신사의 통신 데이터, 카드사의 거래 데이터 같은 기업 데이터, 공공기관에서 제공하는 날씨, 교통, 세금 데이터 같은 것까지 구매해서 한군데에 모으죠. 거기서 이 모든 데이터를 분석, 정제하여 하나의 상품으로 만듭니다. 그리고 상품화한 데이터는 이를 필요로 하는 기업과 정부 기관 등에 판매합니다.

<데이터 생태계>

●ICBM: 사물인터넷IoT, 클라우드Cloud, 빅 데이터BigData,
모바일Mobile 환경에 노출되어 있는 개인

한 자동차 회사에서 마케팅을 효율적으로 하기 위해 자동차를 바꿀
가능성이 높은 고객을 파악하려고 합니다. 데이터 브로커는 국내 자동
차 업계의 데이터를 한데 모아 고객들이 자동차를 바꾸는 패턴을 찾아
냅니다. 그리고 적합한 고객을 선별해 자동차 회사에 판매합니다. 기업
입장에서는 모두를 대상으로 광고하는 것보다 특정 고객들에게 집중해
서 광고하는 것이 훨씬 효율적이겠죠? 마케팅 비용을 크게 줄이면서도
큰 이익을 올릴 수 있게 되는 겁니다.

이런 데이터 거래 시장은 아직 우리나라에서는 활성화되지 않았습
니다. 앞서 얘기했듯 정부 규제 때문입니다. 하지만 세계적인 추세인

데이터 혁신을 우리만 외면할 수는 없기에, 정부에서도 해당 규제를 완화하고 데이터 생태계 형성을 준비하는 중입니다.

일례로 과학기술정보통신부는 산하 기관인 한국데이터산업진흥원을 통해 데이터를 온라인으로 사고팔 수 있는 데이터 오픈마켓 플랫폼인 데이터스토어www.datastore.or.kr를 운영하고 있습니다. 구체적으로 어디에서 어떻게 데이터를 구매해야 하는지 어려움을 겪었던 개인이나 기업이 이 플랫폼에서 원하는 데이터를 확보하여 새로운 사업과 서비스를 개발하는 데 큰 도움을 얻고 있습니다.

또한 공공 데이터포털www.data.go.kr은 국민들에게 공공 데이터를 효율적으로 제공하려고 구축한 시스템입니다. 행정안전부에서 운영하며, 정부가 보유한 다양한 공공 데이터를 개방해 별도의 신청 절차 없이 누구나 손쉽게 데이터를 활용할 수 있도록 하고 있습니다.

과거의 기계는 전기를 먹고, 미래의 로봇은 데이터를 먹는다

요즘 화두인 키워드, 4차 산업혁명은 혁신과 한 맥락으로 이어집니다. 데이터를 활용해 혁신을 거듭한 기업들 간에 데이터가 연결되면서 더 커다란 변화를 이끌어 내기 시작했습니다. 이것을 일컬어 '혁명'이라고 하는 거죠.

1차, 2차, 3차 각 산업혁명은 그 시대에 새롭게 등장한 기술이 산업의 모습을 완전히 바꾸어 놓은 것을 말하는데요.

1차 산업혁명은 18세기 영국을 중심으로 한 증기기관 기술의 발전으로 일어났습니다. 증기기관은 물을 끓인 증기의 힘으로 기계를 움직이는 기술로, 석탄이 주요 자원으로 활용되었지요. 증기기관 기술이 발전함에 따라 천을 짜는 방적기가 등장했고, 이는 공장의 자동화를 가져왔습니다. 더불어 증기 기관차와 증기선이 만들어지면서 운송 또한 발달하게 되었습니다.

2차 산업혁명은 전기 기술의 보급과 함께 이루어졌습니다. 일반적으로 19세기 중후반부터 20세기 초까지를 2차 산업혁명 시대라고 합니다. 공장에 전기를 사용하면서 컨베이어 벨트가 생겨났고, 생산성이 폭발적으로 증가함으로써 이전과는 비교도 안 되는 대량 생산이 가능해졌습니다.

3차 산업혁명은 20세기 중후반과 21세기 초까지를 이르며 컴퓨터와 인터넷 기술로 대표됩니다. 3차 산업혁명을 정보화 혁명이라고도 하며, 이 시기엔 구글과 페이스북 같은 글로벌 IT 기업이 등장하여 세계 산업을 주도하기 시작했지요.

4차 산업혁명은 사람, 사물, 공간이 모두 연결되는 초연결 기술과 함께 시작됩니다. 우리 생활과 뗄 수 없는 스마트폰과 앞서 이야기했던 인공지능 스피커, IoT 스위치 등 모든 사물이 서로 연결되기 시작하는 거죠. 그리고 인공지능을 통해 기계가 생각을 할 수 있게 되는 '기계의 지능화'가 일어납니다. 이때 원료가 되는 것이 바로 데이터입니다.

미래에 여러분이 운전할 자동차 중에 단순한 운송 도구는 단 한 대도 없을 겁니다. 테슬라에서 생산하는 자동차를 '미래 자동차'라고 하는 이유는 자동차이면서 동시에 컴퓨터이기 때문이죠. 테슬라 자동차는 고장이 나면 인터넷으로 수리합니다. 이처럼 4차 산업혁명 시대에 여러분 눈앞의 모든 기계는 서버이자 컴퓨터가 될 겁니다.

4차 산업혁명은 모든 산업에서 그 모습을 드러내고 있습니다. 전통적 산업에 정보 기술IT, 특히 데이터과학 요소를 얹어 새로운 산업을 표방하며 나서는 것인데요. 미국에서는 거의 모든 산업에 정보 기술을 의미하는 '테크놀로지'를 합성해 부르고 있습니다. 마케팅 테크놀로지 '마테크', 에듀케이션교육 테크놀로지 '에드테크', 파이낸셜금융 테크놀로지 '핀테크' 등이죠. 이렇게 산업이 정보 기술과 더불어 발전하는 속도는 생각보다 훨씬 빠릅니다. 일례로 미국의 마케팅 테크놀로지 기업은 2011년 100개 정도로 파악되었습니다. 그런데 2018년에는 70배 이상

성장하며 약 7,000여 개로 늘어났죠.

IT계의 혁신왕 스티브 잡스는 "기술과 인문학의 교차점에서 새로운 혁신이 이루어진다."라고 말했습니다. 이제 시대는 한 걸음 더 발전했고 여기에 데이터가 결합해 혁명이 일어나고 있습니다. 데이터 산업을 이끄는 사람들이 바로 그 혁명을 주도하는 사람들입니다.

데이터 산업을 이끄는 사람들, 데이터과학자란?

4차 산업혁명의 중심에 서 있는 데이터과학자. 그들은 마치 오케스트라의 지휘자 같은 역할을 합니다. 데이터과학자는 악기 대신 여러 데이터를 조율하여 새로운 가치를 이끌어 내지요.

지휘자가 모든 악기를 연주할 줄 알아야 하는 것은 아닙니다. 하지만 모든 악기에 대한 이해가 있어야 하죠. 마찬가지로 데이터과학자가 컴퓨터공학과 통계학, 프로그래밍, 수학, 인문학까지 다양한 학문 분야의 지식을 전문가 수준으로 갖출 필요는 없습니다. 하지만 데이터과학에 필요한 이 학문들에 관한 기본적인 이해는 있어야 합니다. 저마다 다른 다양한 분야를 전공한 이력으로 같은 필드를 누비는 데이터과학자들이 낯설지 않은 것도 바로 그 때문입니다.

데이터과학자라고 해서 정해진 한 가지 업무를 수행하진 않습니다. 프로그래밍, 통계, 경영, 기획 등 각 분야의 지식을 갖춘 사람들이 모여

하나의 팀을 이루고, 이를 데이터과학팀이라고 하는 경우가 많지요. 그리고 그 팀원들을 모두 데이터과학자라고 부릅니다. 그러므로 데이터과학자가 되고 싶다면 여러분이 잘하고 관심 있는 분야에서부터 시작하면 됩니다.

데이터과학자들은 데이터를 수집하고 분석하여 기업 혁신을 만들어 갑니다. 기업이 직원을 채용할 때 데이터과학자를 선호할 수밖에 없는 이유입니다.

데이터과학자의 초봉처음으로 받는 봉급은 국내외 할 것 없이 높아지고 있습니다. 데이터과학자를 원하는 기업은 점점 많아지는 데 비해 정작 데이터과학자 수는 부족하기 때문이죠. 뿐만 아니라 데이터 개발자와 데이터 분석가들에 비해 데이터과학자들의 급여가 평균적으로 높다고 알려져 있어요. 그만큼 데이터과학자를 필요로 하는 곳이 많다는 뜻입니다.

데이터 분석력이 기본 소양이 될 미래

1990년대 이후 정보화 시대로 넘어올 때, 컴퓨터를 다룰 줄 모르는 사람은 취업을 못 했을까요? 아닙니다. 컴퓨터'까지' 다룰 줄 알면 가산점을 받았어요. 하지만 지금 취업하려는 사람이 컴퓨터를 못 한다면 어떨까요? 절대 취업할 수 없겠죠. 머지않은 시기, 데이터과학을 모른다면 취업이 어려울 겁니다. 지금 컴퓨터를 다루지 못하는 직장인을 상상하기 어려운 것처럼, 데이터과학을 모르면 업무 진행이 어려운 날이 곧 다가온다는 뜻입니다.

지금은 특별한 기술처럼 보이는 데이터 분석력이 곧 기본 소양이 될 것이며, 데이터 분석은 일상적인 업무가 될 것이다……. 믿기 힘든가요? 그렇지만 1990년대에는 아래아한글, 파워포인트, 워드 등의 프로그램 사용법이 학원에서 배우는 아주 특별한 기술이었는걸요.

이러한 미래를 예견하여 각 기업에서는 데이터 전문가 양성을 위한 데이터 기반 경영 프로세스를 확립하고, 내부 인력을 데이터 활용 환경에 적응하도록 교육하고 있습니다.

하지만 단순히 연봉이 높고 미래가 밝아 보인다는 이유로 데이터과

학자를 선택해서는 안 됩니다. 진로를 고민하는 청소년에게 저는 다음의 두 가지를 당부하고 싶습니다.

첫 번째, 나 자신을 잘 알아야 합니다. 내가 무엇에 흥미를 느끼는지, 내가 무엇을 잘하는지, 또 무엇을 할 때 행복한지 등에 대해서 잘 알고 있어야 합니다.

두 번째, 내가 선택한 분야의 전문가가 되어야 합니다. 만약 데이터과학에 도전하기로 결심했다면, 데이터과학에 관해 A에서 Z까지 제대로 설명할 수 있도록 꾸준히 공부해야 합니다. 그러기 위해서는 어떤 전공을 선택하고, 어떤 공부를 어떻게 해야 할지 세부적인 계획을 세워 차근차근 실행해 보기를 바랍니다.

아직 우리나라에서는 데이터과학이라는 용어가 생소합니다. 하지만 시대의 흐름은 데이터 기반의 혁명을 선택했습니다. 데이터를 활용하여 모든 의사 결정을 하는 시대가 올 것이고, 모든 직장인들이 데이터 기반의 업무 패턴에 적응해야 할 때가 오겠지요. 이러한 흐름을 제대로 읽고 준비한다면 미래 사회를 적극적으로 맞이할 수 있습니다.

현장에서 활약하는 다른 데이터과학자들이 들려주는 이야기를 통해 여러분의 현재를 파악하고 미래를 그릴 수 있었으면 합니다. 데이터과학과의 만남, 데이터과학자로 가는 길을 이제부터 본격적으로 살펴보도록 할게요.

3장

'데이터과학과'가 없는데 어떡해?

전공을 넘나드는 무한 진로 탐험

- 박세진

데이터과학자. 과학자라고 하니, 하얀 가운을 입고 실험실에서 일하는 이미지가 떠오르지 않나요? 이미지일 뿐, 데이터과학자는 실제로 그렇지는 않습니다. 하지만 저에게는 흰 가운이 익숙하답니다. 저는 대학 시절 대부분을 실험실에서 보냈거든요.

제 전공은 식품영양학이었습니다. 식품영양학과 출신의 데이터과학자. 아무리 데이터과학자의 전공이 다양하다지만 너무 뜬금없는 거 아니냐고요?

식중독 균주 검출을 위한 센서 개발 연구, 장내 미생물 유전자 연구, 유전체 임상 정보 분석⋯⋯. 데이터과학자가 되기 전 제가 했던 일들입니다. 데이터와는 관련 없어 보이는 이 과정들이 사실은 모두 데이터과학자로 가는 징검다리가 되어 주었죠.

제 이야기를 들어 보신다면 우리가 공부하는 모든 것이 데이터과학의 밑거름이 될 수 있다는 걸 알게 될 거예요.

생물+정보, IT와 만나게 해 준 생물정보학

식품영양학과에 입학해 듣게 되었던 생물학 강의. DNA와의 강렬한 첫 만남이었습니다. DNA 안에 담긴 무수한 생명 정보들……. 너무나 매력적이었죠. DNA 안에 있는 정보를 더 알고 싶다는 호기심이 자연스레 생물정보학[4]에 대한 관심으로 이어졌습니다. 그리고 생물정보학을 공부한 것이 데이터과학자로 가는 길을 열어 주었죠.

제가 대학을 다니던 2000년대에 인간 게놈 프로젝트가 성공하면서 인체의 유전자 지도가 밝혀졌어요. 유전자 정보를 분석하는 생물정보학이 주목받기 시작했죠. 생물정보학은 컴퓨터를 이용해 생물 정보를 효과적으로 분석하는, 즉 바이오에 IT를 접목한 융합 학문입니다.

이 학문을 본격적으로 공부해 보려고 맘먹었을 즈음 저는 이미 식품영양학과 대학원생이었습니다. 전공으로 삼기엔 늦은 때였지만, 열정 하나로 실험실 동기들과 생물정보학 수업을 들었습니다.

◇◇◇◇◇◇◇◇◇

4　최근 생물정보학을 생명정보학으로 표기해야 한다는 주장이 나오고 있지만 당시 기준에 맞춰서 생물정보학으로 표기한다.

제가 첫눈에 반해 버린 이 학문. 하지만 친해지기가 정말 쉽지 않았습니다. 다양한 분야가 융합된 학문인 만큼 연관 분야를 두루 공부해야 했죠. 생물정보학 전공 시간에는 생물학 전공생, 통계학 전공생, 컴퓨터 전공생 등 전혀 다른 분야의 학생들이 모여 각 분야 교수님들의 강의를 들었습니다. 지금까지 전혀 알지 못하던 분야를 갑자기 대학원 수준으로 공부하게 된 셈이죠.

어느 날은 C 언어나 자바Java 같은 프로그래밍 언어를 사용한 과제가 나왔고, 어느 날은 확률론적 통계학을 배워야 했습니다. 그리고 이 분야가 모두 합해진 프로젝트를 진행해야 했죠. 너무너무 어려웠습니다. 지금까지 차근차근 공부해 왔던 모든 것들이 쓸모없어진 것 같고, 내가 그동안 뭘 했나 하는 생각도 들었죠. 그렇게 3년 정도 쫓아다녔습니다.

결론적으로 저는 지금 생물정보학자의 길을 걷고 있지는 않습니다.

하지만 이때 한 공부는 두고두고 남아 제 경력에 큰 영향을 미쳤습니다. IT, 통계 등 저와 멀기만 했던 분야와 접점이 생겼으니까요. 처음이 어렵지, 구면인 친구는 언제라도 반가운 법이잖아요?

프로그래밍으로 미생물 대해부!

제가 고등학생일 때까지만 해도 지금처럼 컴퓨터를 일반적으로 쓰지 않았고, 대학에 입학해서야 겨우 오피스 프로그램들을 배웠어요. 아마 당시의 저보다 지금 여러분의 컴퓨터 활용 능력이 월등히 뛰어날걸요.

그런 저에게 프로그래밍은 넘지 못할 산 같은 것이었죠. 그런데 어떻게 데이터과학자가 알아야 할 프로그래밍 언어를 무사히 배울 수 있었을까요?

연구실에서 장내 미생물의 DNA를 연구하고 있을 때의 일입니다. 연구 내용은 이렇습니다. 먼저, 실험실에서 미생물의 DNA를 뽑아냅니다. 그 DNA를 분석 연구소에 보내면 실험 결과를 분석해 DNA 염기 서열을 텍스트 파일로 보내 주죠. 그 파일을 유전자 정보를 분석해 주는 자동 프로그램에 넣으면 분석 결과를 얻을 수 있습니다.

실험을 계속하다 보니 자동 분석 프로그램에 기대지 않고 직접 유전자 정보의 패턴을 분석해 보고 싶다는 마음이 생겼습니다. 좋은 방법이 없을지 주변에 물어보니 파이썬Python이라는 프로그래밍 언어를 배우

면 가능하다고 했습니다. 하지만 이전에 프로그래밍 언어 공부를 시도했다가 실패한 기억 때문에 도전하기가 쉽지 않았습니다.

그러던 중 좋은 기회가 찾아왔습니다. 저와 같은 학생들이 많아서 답답했던지, 교수님이 생물학자만을 위한 프로그래밍 수업을 열어 주셨습니다. 이 수업을 통해 실험에 필요한 분석을 파이썬으로 해결하는 방법을 배웠죠. 지금껏 배워 왔던 생명 현상에 대해 프로그래밍 언어를 사용해 직접 데이터를 얻고 분석할 수 있게 되었습니다.

말은 간단하지만 실제로 익숙해지기는 정말 쉽지 않았습니다. 조금이라도 더 일찍 배웠으면 어땠을까 후회도 했죠. 한 줄씩 밑줄 그어 가며 프로그래밍 언어를 익히고, 버스 정류장에서, 혹은 잠자리에 누워서, 어떻게 하면 그 과제를 해결할 수 있을까 생각하며 한 학기를 보냈습니다.

이렇게 어렵게 배운 프로그래밍 언어. 쓰지 않으면 금방 잊어버릴 거라는 생각에 여러 실험에 파이썬을 활용하려고 노력했습니다. 실험을 하기 위한 나만의 프로그램을 직접 만들기도 했죠. 간단한 프로그램이었지만 이런 과정을 통해 프로그래밍 언어를 완전히 제 것으로 만들 수 있었습니다.

실험실에서 통계와 센서를 만나다

실험실에서는 날마다 다른 환경으로 실험을 합니다. 어떤 날은 37도에 미생물을 키우기도 하고, 어떤 날은 25도에 키워 보기도 하죠. 이런 실험 결과 데이터를 모으다 보니 의문이 들었습니다. 이 결과가 의미 있다는 걸 어떻게 입증할 수 있을까? 5 정도 차이가 나면 의미 있는 실험 결과인가? 10 정도? 어떻게 하면 이 차이를 명확하게 설명할 수 있을지 호기심이 생겼죠.

통계학과 교수님께 물어보니, 정해진 조건에서 만들어진 데이터로 통계를 활용해 분석을 하면 어느 정도의 차이가 의미 있는지 알 수 있다는 대답을 들었습니다. 그래서 '통계적 실험 설계' 과목을 공부하게 되었죠. 산업공학과에서 주로 배우는 과목이라 교재를 보면서 혼자 공부했던 기억이 납니다. 실험에 활용하려고 배운 과목이었지만 이를 계기로 데이터과학자에게 꼭 필요한 통계 능력을 기를 수 있게 되었습니다.

그러던 어느 날 아주 재미있는 실험에 참여할 기회가 생겼습니다. 전혀 다른 분야의 교수님들이 한데 모여 공동 연구를 시작한 것인데요. 미생물 실험실에 있던 저는 광섬유[5]를 활용하여 식중독균을 검출하는 키트를 만드는 프로젝트에 참여하게 되었습니다. 제가 미생물을 만들어서 보내면 재료공학과 친구들은 광섬유를 활용한 기계를 만들었죠. 그때 센서Sensor[6]를 처음 만나게 되었습니다.

이전까지 제가 실험실에서 했던 일 대부분은 미생물과 관련된 데이터를 일일이 측정하는 것이었습니다. 배양한 균의 개수를 알려면 하나씩 점을 찍어 가며 세어야 합니다. 힘들기도 했지만 정확한 데이터 확인이 어렵다는 것이 더 큰 문제였죠.

그런데 실험실에 센서가 도입된다면? 제가 세던 것을 센서가 측정해 주니 실시간으로 더 정확한 데이터를 받아 볼 수 있게 되는 거죠. 이때가 벌써 10년 전인데요. 이를 계기로 센서와 센서에서 발생하는 센서 데이터를 꾸준히 공부했습니다. 실험실에만 있던 제가 데이터를 좀 더 본격적으로 공부하는 계기가 되었죠.

이렇게 저는 식품영양학 전공, 생물정보학 공부, 미생물 연구 등의 과정을 거쳐 오며 통계학적 소양, 프로그래밍 스킬, 데이터 분석 경험

◇◇◇◇◇◇◇◇◇◇

5 광섬유: 빛을 이용하여 정보를 전달할 때 쓰는, 빛을 전파하는 가는 유리 섬유.

6 센서: 열, 빛, 온도, 압력, 소리 등의 물리적인 양이나 그 변화를 감지하여 일정한 신호로 알려 주는 부품. 컴퓨터와 연결하면 컴퓨터 외부 세계의 물리적인 양이나 변화를 컴퓨터에 입력시켜 주는 역할을 한다.

까지 데이터과학자가 갖추어야 할 소양들을 쌓을 수 있었습니다. 물론 제가 처음부터 데이터과학자를 목표로 다양한 공부를 했던 것은 아닙니다. 당시에는 데이터과학이라는 용어 자체가 없었으니까요.

기회는 언제 찾아올지 모른다!

여러분의 몸이 탄수화물을 잘 소화시킬 수 있는지, 커피를 마셔도 잠이 잘 오는지 같은 정보도 여러분의 유전자 안에 있다는 사실! 알고 계셨나요?

해외에서는 이미 오래전부터 유행했던 개인 유전자 검사 서비스를 이제 국내에서도 이용할 수 있게 되었습니다. 앞에서 언급했듯 플라스틱 키트에 침을 뱉어 연구소에 보내면, 헬스와 뷰티에 관련된 유전자 분석 결과를 보내 줍니다. 체질량지수Body Mass Index, BMI [7], 콜레스테롤 수치, 혈압, 혈당, 카페인 대사 등 인체에 영향을 미치는 유전적 성질을 알 수 있게 되는 것이죠.

요즘은 여기서 한 발 더 나아가 유전자 데이터를 활용해, 효과적인 다이어트를 돕는 서비스도 나왔습니다.

우리나라 유전자 검사 기업인 '테라젠이텍스'와 다이어트 코칭 기업

◇◇◇◇◇◇◇◇◇◇

7 　체질량지수: 신장과 체중을 이용하여 비만 정도를 추정한다.

'테라젠이텍스'의 유전자 검사 결과를 기반으로 다이어트 코칭 서비스를 제공하는 '눔'
(출처: 눔 홈페이지)

인 '눔'이 함께 선보인 서비스입니다. 테라젠이텍스가 제공한 유전자 검사 결과를 눔의 다이어트 전문가가 받아서, 개인별로 더 효과적인 식단과 운동법을 제공합니다.

이렇게 유전자 데이터를 활용하는 서비스는 생물정보학과 데이터 분석을 공부한 제가 가장 하고 싶던 일이기도 했습니다. 하지만 제가 한창 공부를 하던 때만 해도 우리나라의 의료 규제가 너무나 강력해서 유전자 연구 자체가 어려웠죠.

하지만 2016년 이후로 의료 규제가 빠르게 변하기 시작했습니다. 개인이 병원을 거치지 않고 기업에 직접 DNA 검사를 의뢰하는 DTCDirect To Customer 서비스가 부분적으로 허용되었고, 의료 목적의 DNA 검사인 NGSNext Generation Sequencing[8]에 보험 급여가 적용되기

◇◇◇◇◇◇◇◇◇◇

8 NGS: 차세대 염기서열 분석. 인간 유전자 정보 전체를 읽어 내는 기술.

시작했습니다. 이러한 서비스의 등장은 아주 먼 미래에나 가능할 줄 알았습니다. 그러나 어느새 미래는 눈앞에 성큼 다가와 있었습니다.

생물정보학과 데이터 분석, 두 분야를 함께 공부했던 것이 저만의 경쟁력이 되었습니다. 여러 분야의 지식을 융합하여 활용할 줄 아는 데이터과학자로 활약할 수 있게 되었거든요.

전공에 얽매이지 않고 최첨단으로 꿈꾸기

마케터에서 데이터과학자로 거듭난 사례

데이터과학자 중에는 다양한 전공 출신이 많습니다. 그중 한 분을 모셔서 이야기를 들어 볼게요. 마케팅 분야에서 근무한 경험을 살려 데 이터 컨설팅 업무를 하고 있는 임은경 데이터과학자[9]의 이야기입니다.

Q. 데이터과학 분야에 관심을 갖게 된 계기가 궁금해요.

A. 저는 사람들이 어떤 물건을 왜 사는지가 궁금했어요. 왜 이건 사고 저건 안 사지? 누가 이런 비싼 제품을 살까? 그 답을 얻기 위해서 당시에는 주로 설문조 사를 실시했어요. 그렇지만 '사고 싶다'고 말하는 것과 실제로 사는 것에는 차이 가 있답니다. 그래서 실제로 사람들이 어떤 물건을 왜 사는지 통계를 이용해 밝 히고 싶다는 생각이 들었어요. 그런 호기심이 데이터과학으로 이어지게 되었 습니다.

---

9 비즈니스와 마케팅을 공부하고, 대학원에서 브랜드 커뮤니케이션을 전공하며 다양 한 브랜드의 온·오프라인 커뮤니케이션을 연구했다. 현재 데이터 전문 기업 엔코아 에서 데이터과학자로서 경력을 이어 가고 있다.

Q. 사람들의 행동에 대한 호기심이 시작이었군요.

A. 네. 그래서 대학교 때는 경영학과에서 소비자 행동론도 배우고, 대학원 때는 신문방송학과에서 브랜드에 대해 연구하기도 했어요. 사람들이 제품의 가격이나 품질뿐 아니라 브랜드에 따라서 구매를 결정하는 것도 흥미롭다고 생각했거든요. 데이터과학을 접하면서는 마케팅에 데이터과학을 접목하고 싶다고 생각했어요.

Q. 마케팅에 데이터과학을요?

A. 사실 어른이 된 지금도 '앞으로 어떤 일을 하게 될까?' 하고 늘 생각해 본답니다. 저는 현재 데이터 컨설팅 및 데이터과학의 전반적인 업무를 수행하고 있는데요, 좀 더 경험을 쌓고 전문적인 지식을 갖춰 마케팅 데이터과학자가 되는 게 최종 목표예요. 마케팅 분야에서 데이터를 활용해 소비자를 이해하고

소비자에게 도움이 되는 제품과 서비스를 만들고 싶거든요. 부족한 부분을 계속 채우면서 꿈을 이루기 위해 노력하고 있어요.

Q. 백화점에서 일을 한 적이 있다고 들었어요.

A. 학교에서 소비자 행동에 대해 공부를 했잖아요. 그 이후에는 화장품 회사에서 일을 하기도 했고요. 책상 앞에서 공부하고 일하다 보니까 사람들이 물건을 사는 모습을 직접 보고 싶었어요. '빨간 립스틱 두 개가 팔렸다'는 결과만 단순히 보는 것과 몰려 있는 고객들을 제 눈으로 보는 것은 아주 큰 차이가 있거든요. 매장 직원이 고객들에게 직접 여러 개의 립스틱을 보여 주기도 하고, 그중 하나를 강력히 추천하기도 하죠. 그런 과정이 모두 소비 결정에 큰 영향을 끼친답니다. 숫자와 현장을 함께 본 경험은 제게 큰 도움이 되었어요.

Q. 그다음에는 데이터 컨설팅 기업으로 이직을 했죠?

A. 백화점에서의 현장 경험도 소중했지만, 더 데이터 중심적인 일을 해 보고 싶었어요. 마케팅 데이터과학자라는 꿈을 이루기 위해 프로그래밍 언어 등 컴퓨터 기술을 더 익힐 필요도 있다고 생각했고요. 또 컨설팅 업무는 나름의 논리에 따라 합리적으로 해답을 제시하는 점이 재미있게 느껴졌습니다.

Q. 문과 출신이라 컴퓨터공학을 자세히 접할 일이 없었을 텐데, 프로그래밍 공부는 어떻게 했나요?

A. 데이터에 관심은 꾸준히 있었지만, 프로그래밍 언어를 능숙하게 다루지는 못했어요. 그래서 이직을 준비하면서 정부 지원 교육을 수강했어요. 여러 가

지 프로그래밍 언어를 다양하게 배우는 교육이었죠. 데이터 분석을 위한 프로그래밍 언어는 단기간에 끝낸다기보다는 운동을 하듯 꾸준히 익혀 나가야 하는 것 같아요. 지금도 회사 안팎의 동료들과 즐겁게 공부하고 있답니다.

Q. 데이터과학 공부법으로 추천해 주고 싶은 것이 있나요?

A. 저는 인터넷 강의를 많이 활용했습니다. 특히 평이 좋고, 짧은 기간에 많은 걸 압축적으로 가르쳐 주는 강의를 열심히 찾았던 것 같아요. 한정된 시간을 활용할 수 있는 강의가 많으니 잘 찾아보셨으면 좋겠습니다.

Q. 데이터과학자를 꿈꾸는 학생들에게 해 주고 싶은 조언이 있다면?

A. 언제나 지금 해야 하는 공부를 충실히 하는 것이 기본이라는 사실을 잊지 말았으면 좋겠습니다. 그리고 데이터과학은 거창한 것이 아닙니다. 주변의 문제를 데이터로 해결하는 것부터 시작해 보세요. 또 자신이 좋아하는 분야에 데이터를 접목해 보는 것도 추천합니다.

데이터 중심의 사고방식 기르기

데이터과학자가 되고 싶다면 당장 무엇을 공부하면 좋을까요? 데이터를 다루기 위한 프로그래밍을 배우러 가야 할까요? 아니면 통계를? 어디서부터 시작해야 할지 궁금증이 많이 생겼을 것 같습니다.

이제 우리나라에서도 어린이나 청소년들을 위한 소프트웨어 활용 및 코딩 교육이 활발하게 이루어지고 있습니다. 그러나 아직 데이터과학 교육은 그렇지 못합니다.

우리나라의 데이터과학 교육은 모두 대학생 이상, 특히 취업 준비생을 위주로 한 데이터를 저장하고 분석하기 위한 컴퓨터 기술을 익히는 교육 과정이 전부입니다. 데이터과학 공부를 시작하는 여러분에게 기술 위주의 교육은 어렵고 지루하게 느껴지기 쉽겠죠.

데이터과학 공부라고 하면 당장 기술을 배우는 게 먼저일 것 같지만, 사실은 '데이터 중심으로 사고하는 방법'을 알아 가는 것이 가장 먼저입니다. 데이터 산업 선진국인 해외에서 어린이와 청소년을 대상으로 진행 중인 교육 사례를 함께 보며, 데이터 중심 사고방식을 길러 보도록 해요.

어린이 데이터과학 캠프: 쉬운 프로그램을 이용한 데이터 분석

2015년 미국에서 시작된 어린이 데이터과학 캠프는 10~15세 학생들을 대상으로 반나절 동안 진행됩니다.

이 캠프의 기획자들은 학생들에게 일찍부터 데이터 중심으로 사고하는 방식을 소개하는 일이 중요하다고 생각했대요. 이 캠프에서 학생들은 현상을 관찰해서 얻은 데이터를 스프레드시트에 옮겨 적으면서 의미 찾기 훈련을 합니다. 예를 들어, 주어진 사진 속 사람들의 옷차림 데이터를 파악해 날씨를 예측해 보는 겁니다. 스프레드시트는 수치 계산, 통계, 도표와 같은 작업을 효율적으로 할 수 있는 응용프로그램으로 여러분도 익히 알고 있는 '엑셀'이 대표적이지요.

주어진 핵심 데이터 세트에서 자료를 수집하고, 입력하고, 데이터를 깨끗하게 정리하고, 데이터의 특징을 뽑아내고, 데이터를 시각화하고 모델을 구축하는 전체적인 과정을 진행해 보는 것이죠.

학생들이 반나절 동안 데이터과학 교재를 이용하여 데이터 캠프에 참여하는 동안, 다들 지루하거나 어렵지 않게 새로운 것을 배울 수 있었다는 반응을 보였습니다.

이 캠프의 사이트 datasciencekids.org 에서는 미국 어린이들이 분석한 결과물 등 유용한 데이터과학 교육 자료를 확인할 수 있습니다.

데이터과학을 다룬 그림책: 일상의 호기심을 데이터 분석으로 접근

저울 없이 무게를 알 수 있을까? 공원을 산책하다가 갑자기 커다란 개를 만나게 된 소년과 소녀는 이 개가 얼마나 무거운지 궁금해졌어요. 하지만 이들은 무게를 잴 수 있는 저울을 갖고 있지 않았습니다.

만약 커다란 나무의 무게가 궁금할 땐 어떻게 할까요? 아주아주 큰 저울이 있다 해도, 나무를 잘라서 재야만 무게를 알 수 있겠죠. 나무를 자르지 않고서도 무게를 구할 수 있을까요? 방법은 개와 나무의 무게와 크기에 대한 데이터를 구해서 크기가 클수록 무게가 무거워지는 관계를 선으로 그려 보는 것입니다. 그럼 이제 크기만 알아도 무게를 알 수 있을 겁니다. 이렇게 데이터 간의 관계를 파악하는 것은 대부분의 경우에 적용할 수 있는 편리한 방법입니다.

《베타와 비트의 모험》첫 페이지
(출처: 베타비트 홈페이지)

현재 영어, 폴란드어, 프랑스어로 번역된 이 그림책의 제목은《베타와 비트의 모험》인데요. 통계 분석 방법의 하나인 선형 회귀線型回歸,

linear regression[10]를 사용하여 최종적으로 공룡의 무게까지 추정하는 방법을 배웁니다.

인터넷 사이트 betabit.wiki/story/HeavyDog.pdf 에서 그림책을 무료로 내려 받아 볼 수 있으며, 프로그래밍 언어인 R과 파이썬을 이용한 프로그램을 함께 제공합니다.

앞으로 계속해서 R과 파이썬이 언급될 텐데요, 이 둘은 빅 데이터를 다루기 위한 가장 대표적인 언어이면서 도구예요. 둘 다 무료로 제공되기 때문에 각 사이트에서 다운받아 사용할 수 있습니다. R과 파이썬은 오픈소스 Open Source 입니다. 오픈 소스는 저작권자가 소스 코드를 공개하여 누구나 제한 없이 자유롭게 수정하고 재배포할 수 있는 프로그램이에요. 사용자들도 자신의 데이터를 공유하지요. 그래서 발전 속도가 무척 빠릅니다. R은 통계 분석과 데이터 탐색, 시각화에 강점이 있으며, 파이썬은 문법이 간결하고 배우기 쉬워서 데이터 분석은 물론 프로그래밍, 인공지능, 사물인터넷 등 다양한 분야에서 폭넓게 사용되고 있습니다.

미국 도서관 교육 사례: 데이터를 직접 수집해 보기

미국 피츠버그의 카네기 도서관에서는 어린이와 청소년을 대상으로 데이터 활용 능력 발굴 활동을 하고 있습니다. 숲에서 만난 나무줄기,

◇◇◇◇◇◇◇◇◇◇◇

10 선형 회귀: 종속 변수 y와 한 개 이상의 독립 변수(또는 설명 변수) X와의 선형 상관관계를 모델링하는 분석 기법.

다람쥐 꼬리 등 자연 관찰 일지를 작성하면서 데이터를 수집하고, 서로의 데이터를 교환하며, 유사점과 차이점을 발견합니다. 이 사례처럼 여러분도 주변에서 직접 데이터를 수집하고 기록해 볼 수 있습니다. 이런 활동을 꾸준히 하는 것만으로도 데이터 중심적인 사고를 기를 수 있죠.

데이터를 눈에 보이게 하려면?

데이터를 분석하는 것 못지않게, 데이터를 보기 좋게 그래프로 나타내는 '데이터 시각화'도 데이터과학의 중요한 요소입니다. 데이터 시각화라고 하니 왠지 어렵게 느껴진다고요? 가지고 있는 데이터를 한눈에 볼 수 있게 정리하는 작업으로, 직접 해 보면 생각보다 간단하고 활용도도 높답니다. 인터넷 사이트 DIY 데이터 아트itsliteracy.org에서는 미국의 십 대를 대상으로 다양한 데이터 시각화 교육을 진행하고 있는데요. 그중 쉽고 재밌게 따라할 수 있는 교육을 몇 가지 소개할게요.

이모지로 데이터 차트 만들기

요즘 SNS에서 많이 사용하는 이모지emoji. 이모지는 유니코드 체계를 이용해 만든 감정을 표현하는 그림 문자입니다. 이모지로 데이터 시각화 차트를 만들어 볼까요? 차트라고 하면 어려워 보이지만, 한 가지 주제를 정하고 거기에 맞는 이모지를 수량에 맞게 배열해 보면 됩니다.

저는 이번 주 근무일의 기분을 이모지 데이터 차트로 만들어 봤어요. 이번 주엔 야근이 잦아서 많이 울고 졸고 있네요. 그래도 종종 좋은 일도 있었던 것 같죠?

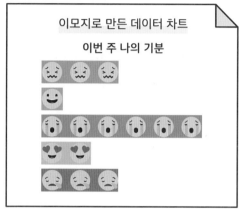

이모지 가로 차트

그럼 같은 내용의 차트를 다르게 그려 볼 수도 있을까요?

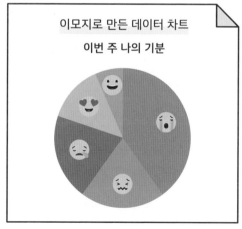

이모지 파이 차트

이번엔 원형으로 그려 봤습니다. 첫 번째 차트를 가로 차트라고 하고, 두 번째 차트를 파이 차트라고 하는데요. 가로 차트의 경우 개수 비교가 잘되고, 파이 차트는 비율 비교가 더 잘되는 장점이 있습니다. 내가 설정한 주제가 무엇인지에 따라 가장 효과적인 모양의 차트가 따로 있는 거죠.

친구들과 함께 다양한 주제와 모양의 차트를 그려 보세요. 같은 주제라도 친구들은 다르게 표현했을 거예요. 이를 통해 주제를 가장 잘 드러낼 수 있는 효과적인 차트에 대해서 함께 토론할 수도 있을 겁니다.

젤리로 나의 인간관계도 만들기

젤리와 이쑤시개로 나의 인간관계 데이터를 시각화해 봅시다. 나를 중심에 두고, 가족은 빨간색, 학교 친구는 파란색, 이웃은 노란색, 학원 친구는 연두색, 이런 식으로 젤리를 정하는 거예요. 모두 나를 아는 사람들이니까 나랑은 전부 이쑤시개로 연결합니다. 그리고 다른 젤리들끼리의 연관 관계도 생각해 보세요. 엄마는 학교 친구랑 이웃을 알아요. 이들 젤리를 엄마 젤리랑 이쑤시개로 연결해 줍시다. 이런 식으로 젤리를 연결해 주면 나의 인간관계 데이터를 간단하게 시각화해 볼 수 있습니다. 인지하지 못했던 일상도 이런 식으로 데이터로 나타낼 수 있는 거죠.

지금까지 살펴본 사례에서 알 수 있듯이 전문 기술부터 다짜고짜 가르치는 곳은 한 군데도 없었죠? 모두 주변의 문제, 내 일상이 어떻게 데이터가 될 수 있는가에서부터 시작합니다. 그다음에 데이터를 분석하고 시각화하는 등 쉬운 방법으로 접근해 보는 거죠.

사실 우리 데이터과학자가 하는 일도 넓은 의미에서는 이와 다르지 않답니다. 기업이나 사회가 처한 문제를 데이터를 가지고 해결하는 것이니까요. 데이터 규모가 커지니 효율적으로 처리할 도구가 필요할 뿐입니다.

이처럼 데이터과학의 시작은 데이터 중심의 사고방식을 기르는 것입니다. 이것이 가장 중요하기 때문에, 가까이에 있는 데이터를 직접 수집하고 정리하는 것부터 시도해 보길 권하고 싶습니다. 어려운 프로그램 대신 내가 지금 쓸 수 있는 도구로 내 주변 데이터를 정리해 보세요. 엑셀에 지금까지의 성적을 기록하고 데이터 변화를 관찰해 본다든지, 종이에 주변의 얽히고설킨 친구 관계를 그려 보고 관계의 성격이 어떠한지 살피는 것도 좋겠네요. 관심사가 비슷한 친구와 같이해 본다면 더 좋습니다. 데이터를 직접 수집하고, 데이터 사이의 관계를 파악하고 활용하는 가운데, 서로 협력하고 대화할 수 있으니까요.

데이터과학 공부 시동 걸기

데이터 중심 사고방식에 대해 충분히 이해했다면, 다음은 본격적인 기술을 배워 볼 차례입니다. 데이터과학을 공부할 수 있는 교육 기관,

인터넷 강의, 정부 지원 프로그램 등을 알려 드릴게요. 물론 앞서 말했 듯 국내 교육은 대부분 대학생, 취업 준비생에게 집중되어 있어 여러분 이 당장 시행해 보기는 어려울 겁니다. 하지만 전체 흐름을 읽으면 어 떤 식으로 공부해 나가야 할지 큰 밑그림을 그릴 수 있겠죠. 다음의 공 부 방법을 살펴보면서, 여러분도 자신만의 전략을 세워 보길 바랍니다.

[전략1] 대학교 수업

데이터과학 공부를 시작하는 데 가장 알맞은 곳은 바로 대학교입니 다. 저 역시 대학교에서 가장 많은 혜택을 받았는데요. 대학교 수업을 200% 활용하기 위해서는 전공 수업뿐 아니라 다른 과의 수업 내용에도 관심을 기울이고 찾아보는 게 좋아요. 대학교 수업은 여러 학문을 공부 해야 하는 데이터과학자에게 좋은 기회입니다.

특히 통계, 확률, 선형대수, 자료 구조, 알고리즘 등은 저학년 학생이 배우는 전공 필수 과목들로 기초를 닦기에 아주 좋습니다. 기초 과정은 학생 때가 아니면 공부하기 쉽지 않고, 다른 곳에서는 배울 기회도 적 습니다.

[전략2] 온라인 공개 강의 시스템 MOOC

지금 대학을 다니고 있지 않거나 듣고 싶은 수업이 자기가 다니는 학 교에 없다면? 그럴 때 활용할 수 있는 것이 전 세계 대학교 온라인 공개 강의 시스템 '무크Massive Open Online Course, MOOC'입니다.

무크 플랫폼의 한국형인 K-MOOCwww.kmooc.kr를 저도 많이 활용했는데요. 홈페이지에 회원 가입만 하면 누구나 수강이 가능합니다. 온라인 강의이므로 시간과 장소에 제약이 없고 비용 부담이 없습니다. 지금 나에게 필요한 과목을 찾아 바로 접할 수가 있고요. 국내 유명 대학 강의를 녹화해 제공하며 최신 강의 업데이트도 빠르죠. 그리고 가장 좋은 점은 반복 수강이 가능해, 이해하기 어렵거나 복습이 필요할 경우 언제든지 다시 들을 수 있습니다.

단점이라면 역시 강제력이 없는 온라인 강의다 보니 수료하기가 쉽지 않다는 거죠. 아주 강한 의지가 필요합니다. 저 역시 실패한 경우도 많았는데요. 이럴 경우 함께 수업을 듣는 스터디 그룹을 만들어 보는 것도 방법입니다. 서로 숙제를 체크해 주고, 어려운 내용은 함께 논의하다 보면 수업을 끝까지 듣는 데 큰 힘이 됩니다.

숙명여대에서 만든 무크 플랫폼 SNOW www.snow.or.kr 에서는 숙대 강의뿐 아니라 다양한 해외 온라인 강의에 자막까지 제공해 활용하기 더욱 좋습니다.

영어와 강의, 두 마리 토끼를 잡는다는 마음으로 미국 스탠퍼드대 교수진이 만든 코세라 www.coursera.org, MIT와 하버드대 교수진이 설립한 에덱스 www.edx.org, 스탠퍼드대 세바스찬 스룬 교수가 설립한 유다시티 www.udacity.com.와 같은 세계 3대 무크 플랫폼에 도전해 보셔도 좋습니다. 코세라는 세계 최대 규모 무크로 우리나라의 연세대와 카이스트도 참여하고 있습니다. 에덱스는 인문·사회과학 중심의 강의가 진행되며, 웹에서 듣거나 앱을 다운받아 수강이 가능합니다. 유다시티는 컴퓨터 관련 교육을 중심으로 인공지능, 자율주행차 같은 독특한 주제의 강의에 집중하고 있습니다.

최근에는 유다시티처럼 프로그래밍 전문 무크 플랫폼도 다양하게 생겨나고 있습니다. 데이터캠프www.datacamp.com, 코드아카데미www.codecademy.com는 코드 실습이 가능한 강의 커리큘럼을 제공하고 있습니다. 코드아카데미에서는 한국어 서비스를 제공하고 있으니, 여러분도 꼭 한번 찾아가 보세요. 또 유데미www.udemy.com에서는 거의 모든 IT 강의 커리큘럼을 제공하고 있습니다.

데이터 전문 기업인 엔코아에서 제공하는 플레이데이터playdata.io는 별도의 프로그램 설치 없이 사이트 내에서 프로그래밍 실습 환경을 제공합니다. 난이도에 따라 R, 파이썬 등 직접 코드를 입력하며 강의를 들을 수 있어서, 데이터 분석 환경 구축이 어려운 초기에 아주 유용합니다. 이외에도 네이버와 커넥트재단이 제공하는 온라인 교육 플랫폼 에드위드www.edwith.org, 인프랩의 IT 기술 교육 플랫폼 인프런www.inflearn.com도 추천할 만합니다.

[전략3] 장기간 직업 훈련 교육

정부에서 국가사업으로 진행하는 장기간 직업 훈련 교육에 참여하는 것도 좋은 전략입니다. 특정 분야별 직업 훈련 교육은 약 6개월 동안 해당 주제를 공부하는데요. 빅 데이터 교육은 한국데이터산업진흥원의 빅데이터아카데미교육과정bigdata.dbguide.net, 데이터 시각화 교육은 꿈꾸는데이터디자이너datadesigner.org, 유전체 정보 분석 교육은 국가생명연구자원정보센터의 차세대 생명정보학 교육 워크샵kobicedu.

labkm.net/labkm을 추천합니다. 학교에서 접하지 못한 분야의 기초 지식을 쌓기에 아주 좋습니다. 국가사업이다 보니 교육비가 저렴하고, 여러 가지 혜택을 받을 수 있기도 합니다.

단점이라면 많은 학생이 수강할 수 없기 때문에 보통 선발 과정을 거친다는 점, 종일 교육이 장기간 진행되기 때문에 교육 기간 중에는 다른 일을 함께하기 어렵다는 점입니다. 시간적 여유가 있는 학생, 취업 준비생이라면 도전해 볼 만한 교육입니다.

[전략4] 단기 교육 및 워크숍

단기 교육 및 워크숍은 대부분 하루 정도의 짧은 기간 동안 한 가지 주제에만 집중하는 방식으로 진행됩니다. 데이터 전문 기업에서 진행하는 방학 특강, 한국정보과학회 인공지능 소사이어티에서 진행하는 패턴 인식 및 기계 학습 여름 학교aisociety.kr, 서울대학교 의과대학 정보의학실에서 진행하는 유전체 데이터 분석 워크샵www.snubi.org/workshop 등 그때그때 가장 이슈가 되는 주제로 진행되기 때문에 최신 동향을 파악하는 데 도움을 줍니다. 이러한 과정에 참여하면 관심사가 같은 동료들과 긴밀한 만남을 갖게 되고, 이후 관계를 꾸준히 유지할 수 있다는 것도 대단히 매력적입니다.

단점은 전문 과목을 단기간에 다루다 보니 기초 과정 없이 본격적인 강의가 시작된다는 점입니다. 전문가가 중요하다고 생각하는 부분만 강의하고 끝나는 경우가 많으니 초심자는 이해하기 어려울 수 있겠죠. 따라서 이런 교육에 참여할 때는 '파이썬과 R 언어를 배우자', '작은 규모의 데이터를 분석해 보자' 식으로 현재 자신의 수준에 맞추어 목표를 명확히 설정하는 것이 좋습니다.

[전략5] 스터디, 커뮤니티, 프로젝트

비슷한 목표를 가진 사람들끼리 정기적으로 모여 공부하는 스터디는 혼자 공부한 것을 확인하는 계기가 되어 줍니다. 스터디에서 남보다 한 번 더 발표하고, 한 번 더 실습해서 공부한 것을 내 것으로 만들어 보세요. 또 같은 분야의 선배들에게 공부하는 방법을 배우고 업계 최신 정보를 얻을 수 있는 것도 스터디의 장점입니다.

그럼 이런 스터디 그룹은 어디서 만날 수 있을까요? 바로 커뮤니티입니다. 최근에는 페이스북 등 SNS에서 데이터 관련 커뮤니티들이 활발히 활동하고 있습니다. 특히 R과 파이썬 같은 오픈소스 프로그램이나 빅 데이터 기술을 공유하는 커뮤니티가 많습니다. 빠르게 변화하는 최신 기술의 동향과 유용한 교육 정보, 지식을 얻을 수 있으니 관심 분야의 커뮤니티에 가입하여 견문을 넓혀 보세요.

마지막으로, 실전과 비슷한 일을 직접 해 보는 프로젝트 참가 경험은 제가 개인적으로 가장 추천하고 싶은 전략입니다. 정부의 직업 훈련 교육이나 기업에서 주최하는 공모전, 인턴십은 모두 프로젝트 단위로 진행됩니다. 프로젝트 경험은 취업을 하고 본격적인 업무를 시작할 때도 큰 도움이 되며, 앞으로의 방향을 잡고 부족한 부분을 채워 가는 데 좋은 길잡이가 되어 줍니다.

데이터과학자는 어떤 사람이 되는 걸까?

지금까지 안내한 내용을 보면 알겠지만 공부와 경험, 이 둘의 균형이 매우 중요합니다. 머리로 배우고 몸으로 익혀야 온전히 자신의 것으로 만들 수 있습니다.

그리고 세부 전략을 짤 때는 각자 고려해야 하는 다양한 사항들이 있을 겁니다. 내가 쓸 수 있는 시간, 비용, 지역적 한계 등의 조건을 고려하고, 내가 원하는 최종 목표가 무엇인지 정해야 합니다. 이 모든 과정에서 생산되는 다양한 결과물들을 잘 저장해 두세요. 지금은 별것 아닌 것 같지만 나중에 자신을 나타내는 포트폴리오로 유용하게 사용될 것입니다.

많은 사람이 어떤 과를 나와서 어떤 공부를 해야 데이터과학자가 될 수 있는지 제게 물어봅니다. 그리고 얼마나 뛰어나야 데이터과학자가 될 수 있을까 궁금해하죠. 그럴 때 저는 제가 재직 중인 엔코아에서 주최하는 '멘토링 스쿨'을 진행할 때 학생들을 어떻게 선발하는지 이야기해 드리곤 합니다.

엔코아 멘토링 스쿨은 대학생 대상의 무료 데이터 교육으로, 매번 10:1 이상의 경쟁률을 자랑하는 인기 대외 활동입니다. 저는 여러 번 멘토링 스쿨의 멘토로 활동했어요.

조	전공
1조	경영학과
	통계학과
	지리교육과
	응용수학과
2조	경영학과
	경영학과
	산업시스템학과
	산업경영공학과
3조	경영정보학과
	산업공학과
	통계학과
4조	정보통계학과
	경영학과
	경영학과

<엔코아 멘토링 스쿨 4기 팀 구성>

멘토링 스쿨에서는 위의 표와 같이 다양한 전공의 학생들을 각각 한 팀으로 묶어 꾸립니다. 데이터과학 프로젝트는 어느 한 분야에 뛰어난 한 사람으로는 수행할 수 없기 때문입니다. 다양한 시각과 지식을 갖춘 친구들이 '팀'을 이루어야 문제를 해결할 수 있죠. 이렇게 프로젝트를 함께 진행하며 데이터과학자로서의 소양을 쌓는 것입니다.

데이터과학이라는 퍼즐을 맞추는 데 100% 맞춤형 블록은 없습니다. 내게 필요한 블록은 스스로 만들어 가야 합니다. 그러기 위해서 우리

는 때로는 혼자, 때로는 같이 공부하면서 여러 가지 경험을 해 봐야 합니다.

작은 성공의 경험을 차근차근 쌓아 나가길 바랍니다. 1등을 하고, 높은 점수를 받고, 엄청난 일을 해내야만 성공이 아닙니다. 친구들과 함께 나름의 목표를 설정하고 성취하는 경험을 해 보세요. 무언가를 시작해 보는 것, 실수가 많더라도 결국 마무리 지은 작은 일도 훌륭한 성공입니다. 이런 성공 경험을 통해 자신이 무엇이 부족한지, 자신이 무엇을 좋아하는지 알아 갈 수 있을 겁니다. 작은 성공 경험 하나하나가 결국 여러분의 꿈을 완성하는 블록인 셈입니다.

취업 대란? 없어서 못 뽑는다고!

데이터과학자의 취업 전망

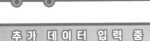

어떤 회사에서 데이터과학자를 필요로 할까요? 데이터 전문 기업? IT 회사? 물론 이러한 곳들도 맞지만 충분하지는 않아요. 정답은 '모든 회사에서 필요로 한다!'입니다.

기업 내부에 쌓인 데이터 활용이 필수가 되다 보니, 국내 주요 기업들은 대부분 데이터 전문팀을 꾸리고 있습니다.

몇몇 기업들을 살펴볼게요. 금융업계는 특히 데이터 활용에 열심이지요. 하나카드는 최근 CDO최고 데이터 책임자 직책을 새로 만들고 데이터 전문가를 초빙하며 데이터를 적극적으로 활용하기 시작했습니다. 신한금융, KB금융에도 그룹 내 CDO가 있고, 우리은행도 빅 데이터 센터를 신설해 CDO를 선임했습니다.

여러분에게 친숙한 게임 회사인 넥슨도 데이터 활용에 선두적인 기업입니다. 넥슨은 데이터 분석팀과 라이브 서비스, 라이브 개발실, UX 분석팀 등 기술 기반 조직을 합쳐 통합 본부를 출범시켰습니다.

국내 빅 데이터 시장 규모 추이, 2014~2017(단위: 억 원)

시장 구분		2016년	2017년	Y/Y 성장률
정부/공공 시장		998.6	1,338.2	34.0%
민간 시장	기업의 빅 데이터 시스템 투자	2,278.4	3,010.2	32.1%
	빅 데이터 분석 대행 서비스 시장	162.6	198.6	22.1%
	소계	2,441.0	3,208.8	31.5%
합계		3,439.6	4,547.0	32.2%

시장 영역별 국내 빅 데이터 시장 규모(단위: 억 원)

〈2017년 BIG DATA 시장 현황 조사 보고서〉, 과학기술정보통신부

이는 몇몇 회사만의 움직임은 아닙니다. 2017년 국내 빅 데이터 시장은 전년 대비 32.2% 성장한 4,547억 원 규모로 가파른 성장세를 이어나가고 있습니다. 시장 영역별 성장세 역시 정부, 민간 할 것 없이 높게 나타나고 있죠.

이러한 시장의 성장세를 반영하듯, 데이터과학자는 취업난이 아닌 인력난을 겪고 있는 몇 안 되는 분야 중 하나입니다. 일반적인 추세와는 반대로 기업이 필요로 하는 구인 인원수보다 취업하려는 구직 인원 수가 적어서 문제인 건데요. 한국데이터산업진흥원에서 발행한 〈2018 데이터 산업 백서〉에 따르면 데이터 산업 분야 인력은 전체적으로 부족하며 그중 데이터과학자가 21.6%로 가장 부족하다고 합니다. 그만큼 시장에서 가장 많이 필요로 하는 인재라는 뜻입니다.

이제 데이터과학이 필요 없는 분야는 없습니다. 여러분이 좋아하는 분야가 있다면, 그 분야를 데이터과학으로 접근해 보면 어떨까요? 꿈을 향한 새로운 길을 찾을 수 있을지도 모릅니다.

4장

'문송'하지 않아도 괜찮아

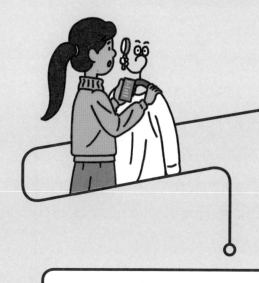

이공계 기술과 인문학적 소양이 융합될 때

– 김용연

데이터과학이라는 분야에 관심을 갖기 시작한 여러분께 어떤 이야기를 들려주어야 할까 많은 고민을 했습니다. 그러다가 제가 처음 데이터과학자의 꿈을 갖기 시작했던 시절로 돌아가서 그 당시에 어떤 고민을 했는지 떠올려 봤어요.

막막한 마음에 정말 많은 컨퍼런스와 설명회 등을 찾아다니며 무언가 해답을 찾으려 했죠. 하지만 그런 곳에서는 '빅 데이터는 정말 멋진 거야!', '빅 데이터는 뭐든지 할 수 있어!' 식의 이야기들은 많았지만, 정작 이 일을 시작하려는 사람들을 위한 실용적인 이야기는 거의 없었어요.

이 장에서 저는 수많은 시행착오와 고민을 통해 얻은 깨달음을 바탕으로, 다양한 개성을 가진 여러분이 각자의 길을 잘 찾아나갈 수 있도록 계기를 마련해 드리고 싶습니다. 특히 소위 '문송한'[11]친구들에게 전하고 싶은 이야기가 되겠군요.

◇◇◇◇◇◇◇◇◇◇

11 문송하다: '문과라서 죄송하다'는 뜻의 신조어. 취업 시장에서 문과 계열 출신이 이공계 출신에 비해 불리하다는 자조를 담은 말.

문턱에 걸려 넘어질 여러분에게

저는 경영학과를 졸업하고 빅 데이터에 관심이 생겨 데이터과학자의 길을 걷게 되었는데요. 당시에는 저와 같은 선택을 한 문과 출신은 드물었어요. 남들은 취업할 나이에 완전히 다른 분야에 도전한 거죠.

생소한 만큼 시작이 쉽지만은 않았던 데이터과학자라는 직업. 저와 같은 선택을 앞둔 많은 이들이 고민하고 궁금해하는 문제부터 함께 이야기해 봐요.

'수포자'도 데이터과학자가 될 수 있나요?

많은 학생들이 궁금해할 질문이라고 생각합니다. 수학은 정말 너무 어렵죠. 사실 저도 소위 '수포자', 즉 수학 포기자 중 한 명이었습니다. 제 수학책은 늘 첫 번째 단원인 집합까지만 손때가 묻어 있었죠.

여기서 희망적인 이야기 하나! 수학을 잘하지 못해도 데이터과학자가 될 수 있습니다. 하지만 롱런하는 데이터과학자는 되지 못할 겁니다. 호기심에서 시작했다가 수학의 벽에 부딪혀 데이터과학자의 길을 쉽게 포기하는 경우가 많은데요. 데이터과학자로 살아가고자 한다면 어느 정도 수준의 수학 공부가 필수임은 피할 수 없는 사실입니다.

그 살아 있는 증거가 바로 저인데요. 수포자 출신 데이터과학자인 저는 현재까지도 수학 공포를 극복하기 위해 뒤늦은 수학 공부를 열심히 하고 있답니다. 포기하지만 않는다면 뒤늦게라도 채워 갈 수 있어요.

프로그래밍 언어가 대체 뭐죠?

이 책을 읽는 분들 중에는 프로그래밍 언어라는 단어 자체가 어렵게 느껴지는 분들이 많을 거라고 생각합니다. 프로그래밍 언어는 뭐고, 데이터과학자는 그걸 왜 배워야 할까요?

조금 쉽게 생각해 봅시다. 프로그래밍 '언어'. 언어의 사전적 의미를 살펴보면, 사람의 생각이나 느낌 등을 표현하거나 전달하기 위한 기호라고 합니다. 그럼 프로그래밍 언어도 언어일까요?

네, 프로그래밍 언어도 하나의 언어입니다. 영어, 중국어, 일본어같이 프로그래밍 언어는 바로 컴퓨터 나라의 언어인 거죠. 실제로 프로그래머들은 이 프로그래밍 언어로 대화를 나누고 협업을 하기도 합니다.

수억 개의 데이터를 분석해야 하는 데이터과학자는 직접 그 일을 하는 게 아니라 컴퓨터에게 명령을 내려야 합니다. 그렇다면 컴퓨터가 아는 말로 이야기를 해야겠죠? 컴퓨터가 이해할 수 있도록 데이터를 정의

해 주고, 작업 절차를 지정해 주고, 원하는 분석 결과를 얻기 위해 노력을 기울입니다. 이렇게 데이터과학자는 프로그래밍 언어를 통해 컴퓨터와 소통합니다.

2017년에 개봉한 영화 〈컨택트〉를 아시나요? 세계 각지 상공에 외계 비행 물체가 등장하자, 언어학 전문가와 과학자가 외계 비행 물체 내부로 진입해 정체 모를 생명체와 소통을 시도하면서 벌어지는 이야기입니다. 과학자는 그렇다 치고 언어학 전문가가 주요 배역을 맡은 점이 인상적이죠?

〈컨택트〉는 '사피어·워프의 가설'을 바탕으로 만들어진 영화입니다. 이는 한 사람이 세상을 이해하는 방법과 행동이 그 사람이 쓰는 언어와 관련이 있다는 가설입니다. 쉽게 말해 영어를 사용하는 사람, 중국어를 사용하는 사람, 한국어를 사용하는 사람은 세상을 다르게 이해한다는 것이지요. 즉, 우리가 사용하는 언어에 따라 사고방식도 달라진다는 얘기입니다.

프로그래밍 언어가 중요한 이유도 마찬가지입니다. 영어가 유창하면 외국인 친구와 깊게 사귈 수 있듯이, 프로그래밍 언어에 능숙하면 컴퓨터의 논리적 사고 구조에 익숙해지게 됩니다. 컴퓨터와 함께 일해야 하는 데이터과학자가 프로그래밍 언어를 배워야 하는 이유입니다.

어떤 프로그래밍 언어를 공부해야 하나요?

그렇다면 어떤 프로그래밍 언어를 어떻게 배워야 할까요? 프로그래밍 언어는 종류가 정말 많고, 실제로 데이터과학은 다양한 언어를 활용

합니다. 제가 일하는 팀만 보더라도 여러 언어를 사용하죠.

프로그래밍 언어 공부를 시작하려는 이들이 어떤 것을 공부해야 할지 정말 많은 고민을 하게 되는데요, 이런저런 이야기를 듣다 보면 배우기도 전에 지치기 마련입니다.

"R은 활용도는 높은데, 큰 데이터는 돌릴 수 없다던데?"

"세상이 온통 자바로 돌아가고 있다고는 하지만 자바는 너무 어려워서 엄두가 안 나."

"파이썬은 배우기 쉽지만 분산 처리는 안 된대."

남들이 많이 쓰는 언어는 배우기 쉽다는 장점이 있습니다. 주변에 함께할 수 있는 사람이 많아지면 정보도 다양해 공부가 수월한 편입니다. 반대로 남들이 쓰지 않는 언어를 공부한다면 무척 어려울 겁니다. 그 대신 나만의 희소가치를 만들 수 있습니다. 경쟁력이 훨씬 높아지는 거죠.

하지만 무엇보다 쉽게 시작하기 위해서 다수가 쓰는 언어를 먼저 배우라고 추천하고 싶습니다. 이를테면 분석하는 사람들은 R을 가장 많이 씁니다. 커뮤니티도 많고, R을 이용한 공모전도 많습니다. 그러니 프로그래밍 언어를 처음 공부한다면 R이 장벽이 낮겠죠? 꼭 R이 아니더라도 주위에 함께할 만한 사람이 있다면 그 언어도 좋아요.

중요한 점은 공부를 시작한다는 것 자체입니다. 다행히 프로그래밍 언어는 모두 비슷한 방식으로 컴퓨터에 명령을 내립니다. 하나의 언어를 이해하면 다른 언어를 공부하는 건 훨씬 쉬워집니다.

첫 선택에 너무 뜸들이지 말고 흥미가 생겼다면 바로 도전하기 바랍니다.

문과생, 데이터에 발을 들이다

사실 제가 데이터과학을 선택한 이유는 단순히 '취업'이 잘될 것 같아서였어요. IT에 관심이 많았던 저는 우연히 빅 데이터를 접하고, 취업을 목표로 대학원에 진학했습니다. 당시는 데이터과학이 주목받기 전이었고, 빅 데이터에 대한 약간의 관심과 이해 정도면 데이터 관련 분야에 쉽게 취업할 수 있을 거라고 생각했거든요.

다소 얄팍한 마음가짐으로 생애 첫 데이터과학 공부를 시작하게 됐고, 가장 먼저 아래와 같은 검은색 화면과 맞닥뜨리게 되었습니다.

```
scala> val predictionAndLabels = test.map { case LabeledPoint(label, f
eatures) =>
   | val prediction = modelSVM.predict(features)
   | (prediction, label)
   | }
predictionAndLabels: org.apache.spark.rdd.RDD[(Double, Double)] = MapP
artitionsRDD[37] at map at <console>:39

scala> predictionAndLabels.filter(x => x._1 != x._2).count()
res6: Long = 1

scala>

scala> numTest
res7: Double = 50.0
```

대학원 시작부터 좌절에 빠뜨린 리눅스 화면

빅 데이터 환경 이전의 데이터과학자는 윈도우 운영 체제의 컴퓨터에 분석 프로그램을 구입해 설치하고 분석 업무를 수행했습니다. 데이터 분석 능력은 이 프로그램을 얼마나 잘 다루는지에 따라 결정되었지요. 하지만 현재는 주로 리눅스 운영 체제 기반의 서버에 하둡Hadoop[12]이나 하이브HIVE[13], 파이썬 기반의 분석 라이브러리를 설치해서 데이터 과학자가 직접 프로그래밍을 하고 데이터를 분석합니다.

저는 문과생이라는 약점을 극복하려고 기술 익히기에 매달렸습니다. 컴퓨터 시스템을 공부하고, 프로그래밍 언어를 익히고, 방대한 양의 데이터를 분석하며 부족한 부분을 채우기 위해 많은 노력을 기울였습니다. 이렇게 대학원 초반을 보내고 어느 정도 기술을 다룰 수 있게 되자 마음속에 의문이 하나 떠올랐습니다.

'이 기술로 어디까지 나를 차별화시킬 수 있을까?'

그때까지 제가 생각했던 데이터과학자는 '기술'적인 측면이 강했던 거죠. 하지만 데이터과학자에게는 기술적인 측면을 포함해 훨씬 다양한 능력이 요구됩니다. 데이터 분석을 의뢰한 고객과 원활한 커뮤니케이션을 지속하는 것은 물론이고, 데이터 분석 결과를 해석해 문제 해결을 위한 창의적인 아이디어를 찾고, 아이디어가 고객의 업무 현장에 활용될 수 있게 관련 산업에 관한 지식을 쌓고, 분석 결과를 설득력 있게 전달하는 능력까지.

위와 같은 능력은 문과생인 제가 그동안 익혀 왔던 인문학적인 소양을 기반으로 한 것들이에요. 이후 저는 기술에 다양한 인문학적인 소양을 겸비하는 융·복합적인 역량을 갖추기 위해 노력했습니다. 그런 노

---

12 하둡: 저렴한 컴퓨터 여러 대를 하나처럼 묶어서 빅 데이터를 저장 처리하는 기술.
13 하이브: SQL형식으로 하둡 프로그램 내 데이터를 요약하고 분석할 수 있는 기술.

력을 통해 데이터과학의 본질인 새로운 가치를 찾는 데 한발 더 다가갈 수 있었습니다.

인문학적인 시각으로 새로운 가치를 찾아라

인문학적인 소양을 갖춘 데이터과학자들은 누구도 생각지 못한 분야의 데이터를 융·복합해 새로운 가치를 찾아냅니다. 이번에 그러한 사례를 살펴보도록 하겠습니다.

심야 버스

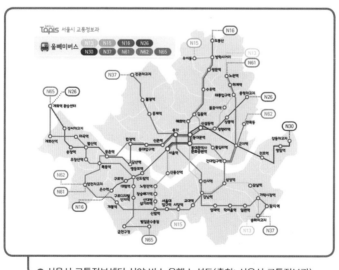

서울시 교통정보센터 심야 버스 운행 노선도(출처: 서울시 교통정보과)

　자정부터 새벽 다섯 시까지 운영되는 서울시 심야 버스 '올빼미 버스'에 대해 들어 봤나요? 우리나라의 대표적인 공공 데이터 활용 성공 사례로 꼽히기도 하는데요. 대중교통이 끊겨 귀가에 불편을 겪는 시민들을 위해 서울시가 올빼미 버스를 운영하기로 했습니다. 심야에만 운영하는 만큼 버스의 수익성을 고려해 노선을 효율적으로 구축해야 했지요. 어떻게 해야 심야에 많은 시민들이 있는 곳만 쏙쏙 골라서 노선을 구축할 수 있을까요.

　여러분이라면 어떤 빅 데이터를 활용했을까요? 서울시는 KT와 합작하여 통신 데이터를 활용하기로 합니다. 늦은 시간 집에 들어가는 사람들 가운데 상당수가 휴대폰으로 '나 이제 들어가.', '차가 끊겼어.' 하고 가족이나 주변 사람들에게 연락을 합니다. 그런 습관에 착안하여 통신

사의 데이터를 활용하기로 한 겁니다. 서울시는 자정부터 새벽 다섯 시까지 서울 시내에서 발생한 통신 데이터를 분석해 데이터가 많이 발생한 지역 위주로 올빼미 버스 노선을 구축했습니다.

통신사가 요금 집계 및 통화 품질 개선을 위해 수집·저장해 온 통신 데이터에 다른 시각으로 접근했기 때문에 심야 유동 인구를 파악할 수 있었습니다. 이를 바탕으로 기존에 없던 서비스를 제공해 시민의 불편 사항을 크게 개선시킬 수 있었지요.

명함 인식 애플리케이션

'리멤버'는 명함 자동 인식 애플리케이션입니다. 스마트폰으로 명함 사진을 찍으면 명함 정보를 자동으로 휴대폰에 저장해 주지요.

초기엔 촬영된 명함 정보를 전문 타이피스트가 손으로 일일이 입력해 주는 등 기술적으로는 그다지 뛰어나지 못한 서비스였습니다. 하지만 누적 처리 명함수가 1억 4천만 장이 넘어가는 방대한 데이터가 쌓이

명함 인식 애플리케이션 리멤버(출처: 리멤버 페이스북)

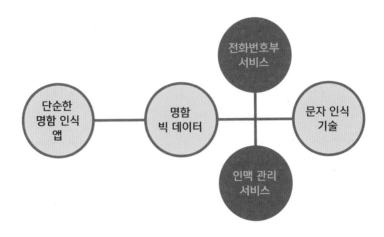

고 여기에 문자 인식 기술이 더해져 명함 인식 처리 정확도가 눈에 띄게 높아졌지요. 기술 발전이 따르고, 대량의 명함 데이터가 쌓였기에 가능한 일이었습니다.

리멤버의 진정한 가치는 사람에 대한 방대한 데이터를 보유하고 있다는 겁니다. 우리나라 인구의 세 배에 가까운 데이터예요. 이를 이용해 인맥 네트워크를 그린다고 상상해 보세요. 리멤버 앱 사용자의 데이터를 기반으로 새로운 인맥을 추천해 주는 서비스는 어떤가요? 또는 사용자에게 저장되어 있지 않은 전화번호까지 안내하는 서비스를 개발한다면?

이처럼 리멤버는 방대한 명함 데이터를 활용해 비즈니스 네트워크에 새로운 장을 만들어 나갈 수 있습니다.

IoT 옷걸이

우리나라의 한 의류 회사에서 개발하고 있는 아이템인 IoT 옷걸이. 사실 이 옷걸이에 활용된 기술은 그렇게 복잡하지 않습니다. 옷걸이에

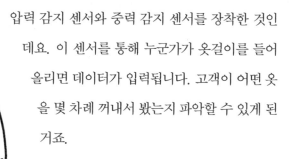

압력 감지 센서와 중력 감지 센서를 장착한 것인
데요. 이 센서를 통해 누군가가 옷걸이를 들어
올리면 데이터가 입력됩니다. 고객이 어떤 옷
을 몇 차례 꺼내서 봤는지 파악할 수 있게 된
거죠.

기존 의류 매장에서는 '소비자가 어떤 옷
을 샀다'는 단순 구매 데이터가 전부였습니
다. 하지만 옷걸이에 센서를 부착하면서 훨씬 많은
정보를 확보하게 됩니다. '이 옷 예쁘네?' 하고 옷을 몸
에 대 보지만 구매하지 않고 내려놓았다면 그 이유를
다각도로 파악할 수 있겠죠. 여러분이 매장 주인이라면 이런 데이터를
보고 가격을 조정할 수도 있을 겁니다. 간단한 센서를 통해 소비자들의
행동 데이터를 추가로 수집하여 제품 선호도나 구매 패턴까지 파악할
수 있게 된 거죠. 이를 토대로 의류 생산 기업은 소비자에게 인기 있는
제품의 생산을 늘릴 거예요. 그러려면 공장의 생산 라인을 증축하고 노
동자를 추가 고용할 수도 있겠지요. 옷걸이에 IoT를 융합하는 창의적
인 아이디어 하나가 의류 산업의 판도를 바꿔 놓을 수도 있는 겁니다.

다시 기술 이야기로 돌아와 볼게요. 하둡, 스파크Spark[14], 머신 러닝,

◇◇◇◇◇◇◇◇◇◇

14 스파크: 오픈 소스를 가지고 인터넷에 연결된 여러 컴퓨터들의 처리 능력을 이용하
여 거대한 계산 문제를 해결하려는 모델 구조.

인공지능 등 데이터과학자가 알아야 할 수많은 기술들이 엄청나게 빠른 속도로 쏟아져 나오고 있습니다. 저 역시 이제 하나 배웠다 싶으면 또 새로운 것이 나와서 힘이 빠져 버리곤 한답니다. 하지만 앞으로 데이터과학자에게 가장 필요한 능력은 인문학적인 소양을 토대로 데이터에 남다른 시각으로 접근하여 새로운 가치를 찾아내는 것입니다.

자, 지금 여러분에게 레고 블록이 주어졌습니다. 처음에는 설명서를 따라 제시된 모델을 그대로 만들겠지요. 하지만 언젠가는 블록을 해체하여 자기가 만들고 싶은 것, 표현하고 싶은 것을 만들어 볼 것입니다. 데이터과학도 이와 다르지 않습니다. 여러 명의 데이터과학자에게 똑같은 데이터가 주어졌다고 하더라도, 데이터를 어떠한 시각으로 바라보느냐에 따라 나만의 새로운 가치를 만들어 낼 수 있을 것입니다.

우리는 이미 데이터과학자이다

제가 대학원에 입학했을 즈음, 우연히 한 제조업체의 임원을 만났습니다. 그분이 제게 이런 질문을 하더군요.

"회사 설비에서 나오는 데이터로 어떤 분석을 할 수 있을까요?"

뚜렷한 목적 없이 그저 빅 데이터의 마법을 기대하고 있는 것 같죠? 일정 시간이 흐른 후 그 임원과 다시 만났을 때, 질문은 이렇게 달라져 있었습니다.

"회사 설비에서 나오는 운용 로그 데이터로 설비 이상 징후를 감지해 예측 정비를 하고 싶어요. 어떻게 해야 할까요?'

전문가가 아닌데도 대중 매체를 통해 '4차 산업혁명', '데이터과학' 이라는 주제로 쏟아져 나오는 정보들을 받아들인 결과겠죠. 대중들이 데이터와 데이터과학에 관해 이해하는 수준이 빠르게 높아지고 있습니다.

〈냉장고를 부탁해〉라는 TV 프로그램을 본 적이 있나요? 본격적인 대결을 시작하기 전에 진행자가 요리사별로 대결 상대가 누군지, 어떤 재료와 어떤 조리법을 사용하는지에 따른 전적을 분석해서 승리를 점 쳐 보곤합니다. 우리가 알지 못하는 사이에 데이터를 수집하고 분석해 서 결과를 예측하고 있네요?

데이터과학은 앞으로 점점 더 대중화될 겁니다. 데이터과학자로 진로를 선택했다면, 남들과는 다른 시각으로 데이터에 접근해 새로운 가치를 찾아낼 수 있어야 합니다.

그러기 위해서는 통찰력, 넓은 시야, 호기심을 가져야 합니다. 말이야 쉽지, 그건 어떻게 해야 생기느냐고요? 저는 무엇보다 사람을 많이 만나라고 권하고 싶습니다. 공부가 급한데 사람을 많이 만나라? 고개를 갸웃거릴 수도 있겠습니다. 하지만 제가 이 점을 강조하는 이유가 있습니다.

데이터과학자는 팀을 이뤄 업무를 수행하기 때문입니다. 나와 다른 환경에서 살아온 사람들과 의견을 조율하며 함께 일하는 건 어쩌면 가장 어려운 일일 수도 있습니다. 다양한 사람들과 만나면서 생각을 공유하고 조율하는 방법을 꾸준히 배워 가는 게 중요합니다. 그렇게 하다 보면 지금까지 미처 생각하지 못했던 많은 아이디어들을 떠올리고 나만의 새로운 시각과 가치를 찾아낼 수 있습니다.

여러분만의 개성을 살리면서도 다른 사람과 함께 같은 목표를 향해 뛸 수 있다면 더욱 가치 있는 경쟁과 협력이 가능해질 겁니다.

5장

물 위에선 우아하게, 물 밑에선 '빡세게'

데이터과학자의 분석 업무

— 장준규

데이터과학자들이 날마다 어떤 일을 하는지 궁금하죠? 저는 이 장에서 데이터과학자가 실제 데이터 분석 업무를 어떻게 수행하는지 그것을 중심으로 이야기해 보려고 합니다. 실제 업무 현장은 여러분이 생각하는 것보다 무척이나 복잡하고 치열합니다. 데이터과학자가 날마다 데이터와 어떻게 씨름을 하는지 저와 함께 분석해 나가다 보면 대략적인 흐름을 파악할 수 있을 거예요.

그리고 새내기 데이터과학자가 현장에서 겪는 시행착오에 대해서도 알려 드릴게요. 새내기 데이터과학자 시절 저는 유니콘이 되길 꿈꿨답니다. 무슨 뜻이냐고요? 제 이야기를 듣다 보면 저절로 알게 될 거예요. 자, 그럼 제가 데이터과학자가 된 과정부터 이야기를 시작해 볼게요.

나의 태풍의 눈은 어디에?

대학교에서 경영학을 전공하던 시절, 저는 아주 성실한 대학생이었습니다. 장학금도 받고, 교수님들에게 인정도 받았죠. 그런데도 졸업이 코앞에 닥쳤을 즈음 문득 전공에 대해 회의감이 들기 시작했습니다.

사회에 나갈 때가 되니 제가 열심히 배운 학문이 쓸모없는 지식으로 만든 갑옷처럼 느껴졌습니다. 물론 나중에 데이터과학 분야에서 일을 시작하고 나서는 전공 지식이 든든한 바탕이 되어 주었죠. 하지만 학생 시절은 그것을 깨닫기에는 아직 일렀습니다. 전공에 대한 회의감에 이런저런 고민을 하며 여러 강연을 들으러 다녔습니다. 그러다 LG유플러스 이상철 전 부회장의 특강을 듣게 되었죠. 그분이 하신 말씀을 아직도 잊지 못합니다.

"중심에서 변화를 주도하는 태풍의 눈이 되어라."

조금 오글거리나요? 하지만 당시 저에겐 그 말이 무척이나 크게 다가왔습니다. 그 뒤부터 어느 분야에서 '태풍의 눈'이 되어야 할지 더욱 열심히 찾아다니기 시작했거든요. 다양한 분야의 책을 섭렵했고, 여러 세미나에도 참석했습니다.

그러던 중 미국의 저명한 경제지 〈포춘Fortune〉에서 매년 선정하는 '세계 100대 기업' 기사를 읽었습니다. 수십 년간 기업 흐름을 살펴보니 과거 오랫동안 상위권을 차지했던 제조 기업들이 물러나고 이제 IT 기

업들이 그자리를 대신하고 있었습니다. 대표적으로 구글, 페이스북 같은 기업들이요. 지금이야 잘 알려진 기업이지만 십여 년 전만 해도 지금과 같은 위상은 아니었습니다.

그래! 많은 고민 끝에 저는 IT 분야에서 태풍의 눈이 되어야겠다고 생각했습니다. 시장의 변화를 주도하고 있는 분야니, IT 기업에 들어가면 적어도 시간 낭비는 하지 않겠구나 하는 확신도 들었죠. 그러나 IT 분야에서 내가 무엇을 할 수 있을지 떠오르지 않았습니다. 저는 경영학과 졸업생이었고, IT는 그때까지 전혀 생각하지 못했던 분야였으니까요. 컴컴한 방에서 모니터 불빛 앞에 앉아 밤을 새는 개발자? 그건 제 적성도 아닐 뿐더러 도저히 할 수 없을 것 같았습니다.

하지만 '뜻이 있는 곳에 길이 있다'고 하잖아요. IT 분야에서 제 전공인 경영학을 접목할 수 있는 직업을 찾아냈습니다. 그래요, 바로 데이터과학자였죠. 데이터과학자는 다양한 업종의 데이터를 다루기 때문에 폭넓은 시야가 필요합니다. 저의 경우 경영학 수업에서 기업 케이스 스터디를 반복한 것이 큰 도움이 되었지요. 이후 저는 데이터과학자가 되기 위해 악착같이 매달렸습니다. 관련 대학원에 진학하고, 논문도 쓰고, 인턴도 하고, 공모전에도 적극적으로 참여했습니다. 그 결과 이렇게 데이터과학자로서 여러분에게 제 경험을 나눌 수 있게 되었습니다.

다음으로는 제가 진행했던 데이터 분석 사례를 소개해 보려 합니다. 사례 곳곳에서 빈칸을 마주치게 될 텐데요. 저는 이걸 '데이터과학 도화지'라고 불러요. 어렸을 적 하얀 도화지에 자유롭게 그림을 그렸던 경험을 떠올려 보세요. 제가 질문을 던지면 잠깐 책을 덮고 '머릿속에 도화지'를 펼친 뒤 자신의 생각을 맘껏 적어 보세요. 친구들과 함께해 보서도 좋습니다. 데이터를 활용하고 해석하는 방식이 저마다 다르다는 사실을 알 수 있을 거예요

데이터과학자의 실제 업무 1. 데이터 융합

데이터과학자에게 가장 필요한 능력 중 하나를 꼽는다면, 저는 데이터를 융합하는 능력이라고 하겠습니다. 요즘 여러 산업에서 퓨전 fusion, 컨버전스convergence, 매시업mashup 등의 용어를 많이 쓰는데

요. 넓게 보자면 모두 융합을 뜻합니다. 융합 능력이 왜 데이터과학자에게 중요할까요? 하나의 데이터만으로 새로운 가치를 창출하는 분석 결과를 얻기 힘들기 때문입니다. 기존 데이터와 새로운 데이터를 융합할 때 차별성 있는 인사이트통찰력가 생겨나죠.

카드사 프로젝트: 1인 가구를 알고 싶어

요즘 '혼밥', '혼술'이 대세죠? 이렇게 혼자 즐기는 문화가 트렌드로 떠오르면서, 카드사에서 1인 가구를 대상으로 마케팅을 해 보고 싶다는 의뢰가 들어왔습니다. 기존에는 1인 가구의 이용률이 높은 편의점 등에서 결제 빈도가 높은 고객을 따로 분리해 1인 가구로 정의했습니다. 하지만 여기에는 한계가 존재합니다. 이제 막 카드를 만든 신규 가입자나 카드 결제를 하지 않는 고객의 가구 형태는 추측할 수가 없겠죠.

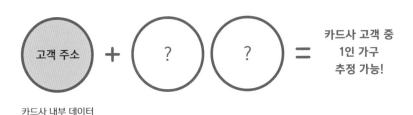

카드사 내부 데이터

데이터과학자는 이 한계를 어떻게 극복할 수 있을까요? 카드사 내부에는 고객 주소 데이터가 있습니다. 이 데이터에 어떤 데이터를 융합해야 1인 가구를 정확하게 추정해 낼 수 있을까요? 여러분은 빈칸에 어떤 데이터를 채우고 싶은지 잠깐 책을 덮고 생각해 봅시다.

저는 카드사 내부 데이터에 건축물 데이터를 융합하기로 했습니다. 건축물 데이터 중에서도 두 가지를 활용했습니다. 건축법 시행령은 모든 건물마다 용도를 정해 두는 법인데요. 이를 통해 건물마다 오피스텔인지, 고시원인지 등의 용도를 파악할 수 있었습니다. 또 하나, 부동산 SNS 데이터를 활용했습니다. 요즘 부동산을 직거래하는 카페, 사이트에서는 주소를 원룸, 고시원 등으로 구분해 두기 때문에 그 데이터를 활용했지요.

이렇게 모은 건축물 데이터를 카드사 내부 고객 주소 데이터와 융합하면, 1인 가구 여부를 전보다 정확히 알 수 있겠죠? 신규 고객이나 결제 내역이 없는 고객이라도 1인 가구인지 아닌지를 추정할 수 있게 된 거예요.

공공 기관 프로젝트: 중소기업이 진출할 만한 시장을 알고 싶어

자, 우리의 다음 의뢰자는 무역 관련 공공 기관입니다. 이 기관에서는 중소기업이 진출하기에 알맞은 수출국을 추천해 주는 일을 하고 있습니다. 이제까지는 전 세계 각국에 파견된 무역관들의 경험적 판단에 의존해 조언을 얻는 방식으로 추천했기 때문에 객관적으로 신뢰도가 떨어지고 시간이 많이 소요된다는 문제가 있었습니다. 그래서 의뢰자는 데이터과학자들이 데이터를 이용해 좀 더 신뢰할 수 있는 적합성 높은 수출국을 추천해 주길 원했습니다.

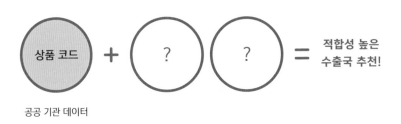

또 하얀 도화지가 나왔네요. 공공 기관 데이터로는 상품 코드가 있습니다. 우리가 사 먹는 아이스크림 하나에도 HS CODE가 존재해요. HS CODE는 무역 거래를 하기 위해 국가끼리 약속한 상품 분류 코드예요. 그렇다면 이 상품 코드에 어떤 데이터를 융합하면 객관성과 적합성이 떨어지는 현재의 한계를 극복할 수 있을까요? 잠깐 책을 덮고 생각해 보도록 합시다.

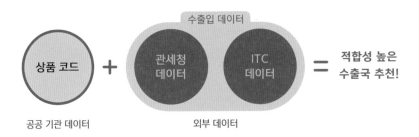

저는 관세청 데이터와 ITC국제트레이드센터 데이터를 합해 수출입 데이터를 새롭게 만들었습니다. 이를 통해 전 세계적으로 어떤 물건이 어디서 얼마나 사고 팔리는지 현황 파악이 가능해졌습니다. 여기에 우리나라 중소기업이 판매를 원하는 상품 코드를 입력하면 그 상품이 어느 나라에서 얼마만큼의 시장성을 갖는지 데이터로 보여 줄 수 있는 거죠. 데이터를 융합함으로써 적합한 수출국 추천이 가능해졌습니다.

매우 간단한 두 가지 사례를 살펴보았는데요, 여기서 중요한 점은 어떤 데이터를 융합해야 할지 많은 고민이 필요하다는 겁니다. 데이터를 융합한다는 것은 결코 쉬운 일이 아닙니다. 예상 융합 데이터 목록을 만드는 일, 데이터를 가진 주체와 데이터 이용 계약을 하는 일 등 단계마다 어려움이 존재하고, 많은 시간을 투자해야 합니다.

데이터과학자의 실제 업무 2. 데이터 나누어 보기

데이터과학자는 데이터를 나눠 볼 줄도 알아야 합니다. 이게 무슨 말이냐고요? 데이터는 '나누어' 봐야 전체에서 보이지 않던 진실을 발견할 수 있다는 뜻입니다. 통계학에서는 심슨의 패러독스Simpson's Paradox라고 부르는데, 부분에서 성립한 대소 관계가 이를 종합한 전체에서는 다르게 나타나는 모순적인 현상을 일컫습니다. 이를 설명한 영국의 통계학자 에드워드 심슨Edward H. Simpson의 이름을 따서 만든 용

어예요. 데이터과학자는 심슨의 패러독스에 빠지지 않도록 주의해야
합니다.

심슨의 패러독스

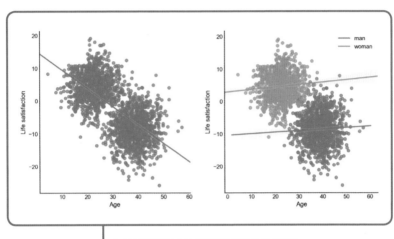

심슨의 패러독스를 설명하기 위한 가상 데이터

위의 왼쪽 그래프를 먼저 보세요. 파란 점들이 동그랗게 잘 모여 있
습니다. 중간쯤에 왼쪽에서 오른쪽으로 내려가는 선이 보이죠? 이 선
을 선형회귀선linear regression이라고 합니다. 쉽게 알아볼 수 있는 직
관적인 선이라고만 알아 둡시다. 이 선이 왼쪽 그래프와 같이 오른쪽으
로 내려가는 경향을 보이면 X축과 Y축이 서로 반대의 경향을 가집니
다. 예를 들어 X축은 나이, Y축은 삶의 만족도라고 가정해 봅시다. 그
러면 이 경우에는 나이가 들수록 삶의 만족도가 줄어든다고 해석할 수
있겠죠.

이제 오른쪽 그래프를 봅시다. 같은 조사인데 남녀 두 그룹으로 나

누자 반대되는 경향이 두드러집니다. 두 그룹의 경우 모두 나이가 들수록 삶의 만족도가 늘어납니다.

단순히 둘로 나눴을 뿐인데 결론이 달라졌죠. 똑같은 데이터지만 나누어 봄으로써 숨은 진실을 발견할 수 있습니다.

실제로 데이터를 나누어 보는 게 결과에 얼마나 큰 영향을 미치는지, 앞서 살폈던 카드사 사례로 더 자세히 알아볼까요?

카드사 프로젝트 2: 돈 많이 쓰는 고객을 찾아 주세요

우선 카드사에 대한 기본 지식을 살짝 점검해 볼게요. 카드사는 무엇으로 돈을 벌까요? 바로 수수료입니다. 고객이 물건을 카드로 결제하면 수수료가 발생하죠. 그렇다면 돈을 많이 쓰는 사람＝수수료를 많이 내는 사람＝카드사에 이익이 되는 고객이겠군요.

우리는 앞서 데이터를 융합해 1인 가구를 추정했습니다. 카드사는 이 중에서도 돈을 많이 쓰는 가구에 좀 더 집중해서 마케팅을 하고 싶다고 합니다. 이때 '심슨의 패러독스' 개념을 사용해 보도록 할게요.

먼저 돈을 더 많이 쓰는, 1인당 결제 금액이 높은 고객을 찾을 텐데요. '오피스텔' 집단과 '고시원' 집단으로 나눠서 1월부터 5월까지 1인당 결제 금액을 비교해 보기로 했습니다.

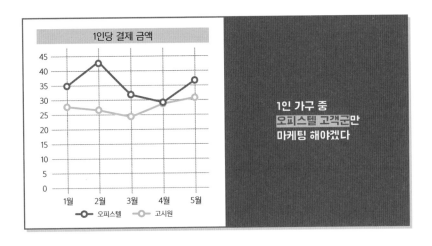

그래프를 보니 오피스텔 집단이 결제 금액이 훨씬 높군요. 여기까지만 보면 당연히 오피스텔 집단에 마케팅을 하면 되겠다고 결론을 내릴 수 있겠죠.

하지만 데이터과학자라면 여기서 끝내서는 안 됩니다. 한 단계 더 들어가 보도록 하겠습니다. 전체 데이터를 성별로 한 번 더 나누어서 보기로 합시다. 오피스텔에 사는 남녀, 그리고 고시원에 사는 남녀, 총 4개 집단을 비교해서 볼까요?

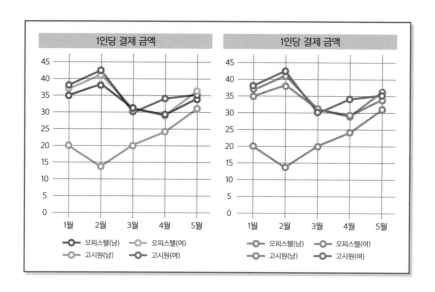

앞의 그래프와 같은 데이터인데도 전혀 다른 모양이 도출된 것을 확인할 수 있습니다. 오른쪽 그래프를 보면, 고시원에 사는 여성 집단이 전체 4개 집단 중 가장 결제 금액이 높은 것으로 나타나죠. 어떻게 처음과 다른 결과가 나왔을까요?

이는 고시원 남녀 집단의 결제 금액 차이가 극명했기 때문입니다. 그래서 둘을 합한 평균으로 봤을 때는 전체 고시원 집단 금액이 낮아 보였던 거죠. 데이터를 나누어 보지 않았다면 몰랐을 사실을 알 수 있었습니다.

자, 이제 '고시원에 사는 여성에게 마케팅을 하면 가장 효과적이다'라는 분석 결과를 얻었으니 끝을 내면 될까요? 안 됩니다! 데이터과학자라면 여기서 한 발 더 들어갈 필요가 있습니다.

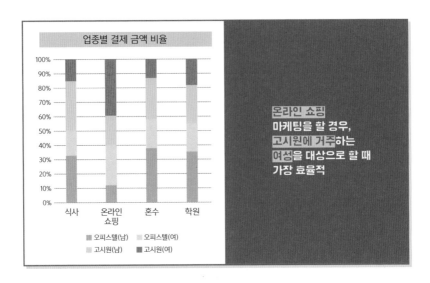

이제는 1인 가구 4개 집단이 각각 어디에 돈을 쓰는지를 구분해서 살펴보겠습니다. 고시원에 사는 여성 집단은 온라인 쇼핑에 가장 많은 돈을 쓰고 있었네요.

여러 단계의 분석을 거쳐 우리는 '온라인 쇼핑 마케팅의 경우 고시원 거주 여성을 대상으로 할 때 가장 효율적'이라는 최종 결과를 도출해 낼 수 있습니다. 이런 식으로 식음료 관련 마케팅은 어느 집단이 효율적일지도 찾아낼 수 있겠죠?

실제 현장에서는 데이터를 훨씬 세분화하여 더 적절한 타깃을 찾으려 노력합니다.

컴퓨터가 없던 시절에는 데이터과학자가 없었을까?

데이터로 역사를 바꾼 나이팅게일과 존 스노

컴퓨터가 발명되기 전에는 데이터과학자가 없었을까요? 그렇지 않아요. 컴퓨터는 데이터과학자의 일을 손쉽게 해 주는 현대적인 도구일 뿐, 이전에도 데이터과학자는 존재했습니다. 고전 데이터과학자라고 일컬어지는 나이팅게일과 존 스노를 소개할게요.

나이팅게일의 '장미 도표 Rose diagram'

여러분이 기억하는 나이팅게일은 어떤 사람인가요? 대부분 전쟁 중에 활약한 간호사를 떠올릴 텐데요. 사실 그녀는 아주 뛰어난 데이터과학자이기도 했습니다.

1853~1856년 유럽에서 크림전쟁이 벌어졌습니다. 러시아가 흑해로 진출하기 위해 오스만투르크·영국·프랑스·사르디니아 공국 연합군과 벌인 전쟁이었지요. 영국의 간호사 나이팅게일은 크림전쟁의 참상에 관한 신문 기사를 보고는 이스탄불로 달려가 야전병원장으로 일했습니다. 당시 야전병원의 시설과 위생은 형편없었습니다. 전쟁으로 사망하는 병사보다 병원에서 전염병으로 죽어 가는 병사가 더 많았을 정도

였거든요. 이 사실에 경악한 나이팅게일은 군 당국에 병원 환경 개선을 요청하였으나, 군 당국은 꿈쩍도 하지 않았습니다.

하지만 나이팅게일은 포기하지 않고 군 당국을 설득하기 위해 자료를 만들었습니다. 병사의 입원과 퇴원 기록, 사망자 수, 사망 원인 등의 데이터를 수집하고 분석했지요. 컴퓨터가 없던 시절이니 밤을 새기 일쑤였어요. 등불을 든 여인이란 별명도 그때 생겼답니다. 나이팅게일은 데이터를 바탕으로 다시 군 당국 설득에 나섰고, 병원 환경은 한층 개선되었습니다. 덕분에 나이팅게일이 병원에 온 지 6개월 만에 환자의 사망률은 42%에서 2%까지 줄어들었습니다. 그녀는 여기에서 그치지 않고 크림전쟁이 끝난 뒤 상세한 보고서를 만들었는데요, 이 보고서에 영국군의 사망 원인을 도표로 그려 넣습니다. 데이터를 한눈에 보기 좋게 시각화한 것이지요. 도표의 모양이 장미처럼 생겼다고 해서 이를 장미 도표라고 부릅니다. 원 하나가 1년을 나타내고, 1년은 다시 1개월짜리 조각 12개로 나뉩니다. 원의 가장 바깥쪽 부분이 전염병 사망자, 그

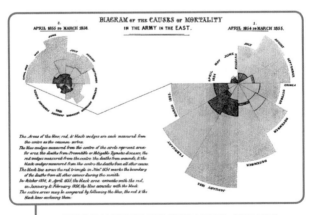

크림전쟁 당시 영국군의 사망 원인을 보여 주는 '장미 도표'

다음이 전투 사망자, 그다음 검정색 부분이 기타 원인으로 인한 사망자이지요. 나이팅게일은 이 보고서를 토대로 영국의 군 의료 체계에 대대적인 개선을 제안했고, 이를 성취해 냈습니다.

존 스노의 '콜레라 지도Cholera map'

영국의 빅토리아 시대1837~1901년 런던에서는 콜레라가 주기적으로 유행했습니다. 콜레라는 전염성 감염 질환으로 콜레라균에 감염되면 급성 설사가 시작되고 심각한 탈수로 사망에 이르기도 합니다. 하지만 당시에는 콜레라의 원인이 세균이라는 것을 몰랐습니다. 의학계는 물론 대부분의 사람들이 콜레라의 발병 원인을 나쁜 공기라고 믿었지요.

하지만 존 스노라는 의사는 생각이 달랐습니다. 자료를 살펴보다가 공기가 아니라 정체 모를 어떤 매개체를 통해 콜레라가 확산된다는 의심을 품었거든요. 그러던 중 1854년 런던 소호의 브로드가를 중심으로 영국 역사상 가장 심각한 콜레라가 유행했습니다. 불과 열흘 만에 사망자 수가 500명에 육박했지요.

존 스노는 날짜별 발병자 수, 날짜별 사망자 수, 사망자 발생 장소, 식수 펌프 위치 등 콜레라 발생 지역의 데이터를 통계적으로 분석하고 발병 가구를 일일이 찾아다니며 감염 경로와 원인을 분석해 나갔습니다. 그리고 그동안 모은 데이터를 시각화한 콜레라 감염 지도를 만들어, 유독 한 식수 펌프와 가까운 곳에서 콜레라 발병률이 높다는 사실을 확인했지요. 다시 조사해 보니 감염자의 대부분이 한 식수 공급 회사가 제공하는 펌프에서 끌어올린 오염된 물을 마셨고, 그것이 콜레라의 발병 원인으로 밝혀졌습니다. 존 스노는 정부에 당장 식수 펌프 폐쇄를 건의했고, 그제야 콜레라 확산이 멈췄습니다. 그는 철저한 역학조사 끝에 수집한 데이터를 근거로 당대 사람들의 잘못된 믿음을 깨부쉈습니다.

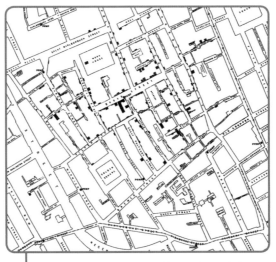

검은색 막대로 사망자 수를 표시한 콜레라 지도의 일부

우리는 이 두 명의 고전 데이터과학자를 통해 데이터과학자의 본질이 무엇인지 생각해 볼 수 있습니다. 최신 분석 도구와 기술을 갖춰야 훌륭한 데이터과학자일까요? 결코 그렇지 않습니다. 어떠한 시각을 가지고 데이터를 활용해 가치를 찾아내느냐, 그것이 데이터과학자의 본질을 결정할 것입니다.

데이터과학자 비포 앤 애프터

앞서 현장에서 수행했던 데이터 분석 사례를 몇 가지 살펴보았는데요. 어떤가요? 〈하버드 비즈니스 리뷰〉에서 말한 것처럼 데이터과학자가 21세기 가장 섹시한 직업으로 다가오나요?

저는 데이터과학자를 백조에 비유하고 싶습니다. 물 위에서 우아하게 떠 있는 것처럼 보이지만, 물밑에서는 앞으로 나아가기 위해 두 발로 헤엄치기 바쁜 백조 말이에요.

여러 언론에서는 높은 연봉을 받고, 최첨단 기술을 능숙하게 다루는 데이터과학자의 화려만 겉모습만 집중 조명합니다. 하지만 누누이 이

야기했듯 데이터과학자는 많은 노력이 필요한 직업입니다.

저를 포함한 많은 데이터과학자들이 공통적으로 하는 말이 있습니다. 일을 하면 할수록 오히려 모르는 게 더 많아진다는 거예요. 현실이 이렇다 보니 주말에 모여 함께 공부하는 게 일상입니다. 데이터과학자에게 쏟아지는 스포트라이트에만 집중할 것이 아니라 현장의 치열함에 대해서 인식하고 있어야 합니다.

이제는 새내기 데이터과학자가 현장에서 겪기 쉬운 시행착오에 대해서 이야기해 볼게요. 이 이야기만 기억해 두어도 초반에 겪는 혼란이 크게 줄어들 겁니다.

모든 것에 능통해야 한다?

Before 데이터과학자는 모든 것에 능통해야 한다!

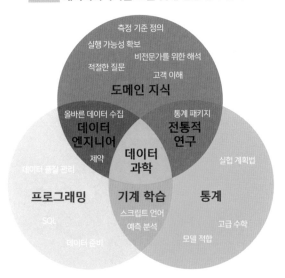

데이터과학자의 능력, 소양, 자질 등으로 검색하면 인터넷에서 볼 수 있는 벤 다이어그램입니다. 자료마다 설명은 조금씩 다르지만 핵심 내용은 대체로 같습니다. 데이터과학자는 저 많은 요소를 섭렵해야 하는 사람이라는 거죠. 저도 데이터과학자가 되려고 준비할 때 저 요소들을 다 섭렵하고 '교집합'에 들어가는 사람이 되어야지 다짐했으니까요.

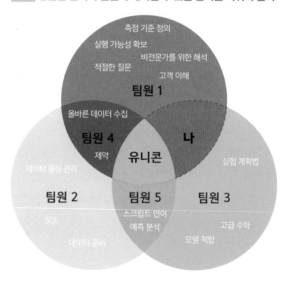

After 강점을 살리되 팀원과 대화할 수 있는 능력을 키워야 한다

하지만 데이터과학자가 되고 보니 제가 크게 오해하고 있었더라고요. 데이터과학은 무엇보다 팀의 협업이 중요합니다. 제가 다 잘해야 겠다고 생각한 그 하나하나를 팀원 한 사람, 한 사람이 맡아 하는 거죠. 누군가는 제가 들어가고 싶어 했던 교집합을 이렇게 표현했어요. 유! 니! 콘! 맞아요, 저는 데이터과학계의 유니콘이 되기를 꿈꾸고 있었던

겁니다. 현실에는 없는 환상적인 존재 말이지요.

메시와 호날두 같은 유명한 공격수가 골키퍼가 받는 훈련까지 해야 할까요? 그렇지 않겠죠. 오히려 공격 능력을 극대화하는 훈련에 더 집중할 거예요.

데이터과학자 역시 마찬가지입니다. 모든 요소를 섭렵하려고 하지 말고 본인만의 강점을 살려야 합니다. 그러면서도 원활한 팀플레이를 위해 커뮤니케이션 능력을 길러야죠. 이것이 유니콘이 되는 것보다 훨씬 현실적인 데이터과학자의 길입니다.

자신이 잘하는 분야에 따라 두드러지는 지점이 조금씩 달라지겠지만, 크게는 저 벤 다이어그램 안 어딘가에서 일하고 있다면 모두 데이터과학자입니다.

데이터를 잘 찾아내기만 하면 된다?

데이터과학을 공부하던 시절, 저는 예측력을 높이는 데이터 분석 모델을 만드는 데 가장 관심이 있었습니다. 수많은 노력 끝에 예측력이 0.01%라도 올라가는 순간! 너무 기뻤죠. 하지만 새내기 데이터과학자가 업무에서 분석 모델을 활용할 기회는 그리 많지 않습니다.

새내기 데이터과학자가 현장에 들어가서 가장 많이 하는 일은 바로 '데이터 정제'입니다. 데이터 분석이 원활하게 이루어질 수 있도록 데이터를 정리하고 청소하는 작업인데요. 시간이 오래 걸리고 반복적이고 지루하지만 무척 중요한 작업입니다. 데이터 분석의 첫 단계인 데이터 정제가 잘 이루어지지 않으면 분석을 제대로 할 수 없으며, 분석 결과를 얻었다고 해도 신뢰할 수 없기 때문이죠.

처음부터 데이터과학자의 입맛에 맞게 정제되어 있는 데이터는 현실에 존재하지 않습니다. 그렇기에 데이터 정제는 데이터과학자와 떼려야 뗄 수 없는 운명이죠. 특히 새내기 데이터과학자의 경우 데이터 정제와 오랜 기간 씨름해야 한다는 점, 명심해야 합니다.

내 주변엔 데이터과학자가 없는데?

자, 여기까지 데이터과학자의 분석 업무 세계와 새내기 데이터과학자의 시행착오를 두루 살펴보았습니다. 현재 활약하는 데이터과학자들도 치열한 현장에 뛰어들기까지 데이터과학자가 되기 위해 준비했던 시절이 있었습니다. 그리고 지금도 더 나은 데이터과학자가 되기 위해 공부하고 경험하며 노력하고 있습니다.

마지막으로 데이터과학자를 준비하는 이들을 위한 두 가지 팁을 말씀드릴게요.

첫 번째 팁은 인터넷 활용입니다. 데이터과학은 신생 분야라서 주변에서 전문가를 찾기 힘듭니다. 소위 전문가로 불리는 사람은 다 인터넷에 있어요.

다음 이야기를 잘 들어 보세요. 21세기 혁명의 대명사 스티브 잡스는 췌장암으로 사망했습니다. 그 당시 췌장암 진단법은 무려 60년 전에 개발된 오래된 기술이었고, 정확도는 겨우 30%, 가격은 800달러, 한화로 약 90만 원이었으며 검사엔 14시간 이상이 소요됐습니다. 췌장암은 '걸리면 죽는 암'이라는 불명예를 갖고 있었지요.

그러나 지금은 다릅니다. 2011년에 기존보다 무려 1,688배 빠른 5분이라는 시간 안에, 진단 비용 단돈 3.5센트, 정확도는 거의 100%인 췌장암 진단 키트가 개발되었거든요. 대단하지요?

누가 이 진단 키트를 만들었을까요? 거대 글로벌 기업? 세계 최고의 과학자? 둘 다 아닙니다.

당시 15세였던 미국의 소년 잭 안드라카Jack Andraka가 그 주인공입니다. 잭 안드라카는 개발의 비결을 '인터넷'이라고 이야기해요. 그는 인터넷 포털 사이트 구글과 온라인 백과사전 위키피디아 등에서 여러 학술 논문과 데이터를 찾아 읽고 연구한 끝에 이러한 성과를 이뤄 냈어요. 이메일로 전문가에게 도움을 요청하기도 하고, 인터넷 커뮤니티에

췌장암 진단 키트를 만든 잭 안드라카
© Intel Free Press(플리커)

들어가 새로운 정보도 찾아냈지요.

여러분은 인터넷을 무슨 용도로 사용하나요? 셀카를 찍어 페이스북, 인스타그램 등 SNS에 올리는 용도? 게임을 하기 위한 용도? 물론 이것도 좋지만 잭 안드라카처럼 다른 방향으로 활용할 수도 있다는 이야기를 하고 싶어요.

3장에서 언급한 온라인 공개 강의 플랫폼인 무크를 이용해 보아도 좋습니다. MIT, 하버드대학 등 세계 유수의 명문대에 입학하지 않아도 그 학교의 재학생들이 듣는 수업을 인터넷으로 수강할 수 있습니다. 레딧www.reddit.com과 같은 소셜 뉴스 웹사이트 이용도 추천합니다. 영어로 되어 있어서 쉽게 활용하긴 어려울 수도 있지만, 레딧에서는 전문가들이 최신 데이터과학 분야 소식을 공유하고 토론도 활발히 진행하고 있습니다.

잭 안드라카의 사례처럼 인터넷은 세상을 바꿀 수 있는 도구예요. 가능성에 한계를 긋지 마세요. 여러분도 할 수 있습니다!

두 번째로 알려 드릴 팁은 다방면의 독서입니다. 데이터과학은 통계학, 컴퓨터공학, 전산학, 경영학, 심리학, 언어학 등 다양한 학문이 융합되어 있습니다. 데이터과학자로 일하는 사람들의 전공이 무척이나 다양한 이유도 그 때문이지요. 현장에서는 각각의 전문가들이 모여 팀 단위로 데이터과학 업무를 수행합니다. 오류 없이 소통을 하려면 이들의 언어와 문화를 두루 알아야 합니다.

이러한 소양을 얻기에 가장 좋은 방법은 독서입니다. 책을 통해서 우리가 경험하지 못한 다양한 세상과 사람들에 대해 간접 경험을 꾸준

히 해 나가기를 바랍니다.

그럼에도 '내 주변엔 데이터과학자가 없는데?', '데이터과학 공부를 시작하려니 생각보다 어려운걸.' 이런 생각에 풀이 죽을 수도 있어요. 하지만 마음을 여유롭게 하고 시각을 조금만 넓히면 이 외에도 여러 방법이 우리 주변에 있습니다. 순간의 어려움에 포기하지 말고, 여러분의 꿈과 가능성을 확장해 나갔으면 좋겠습니다.

6장

공대 선배가 알려 주는 데이터 분석 도구와 실전 팁

데이터과학자가 갖추어야 할 기술

– 류진걸

지금까지 데이터과학이란 무엇이고 데이터과학자가 되려면 어떤 자질을 갖추고 어떻게 공부해야 하는지, 또 실제 데이터 분석 업무는 어떻게 진행하는지 다양한 선배 데이터과학자들의 이야기를 들어 봤습니다. 이 책의 마지막 장을 제가 맡은 이유가 있는데요, 그 이야기를 먼저 시작하겠습니다. 이 책을 함께 쓴 저자들과 저의 차별점은 공대에서 학부와 석사를 모두 마쳤다는 것입니다. 처음부터 통계와 공학에 집중했기 때문에 좀 더 엔지니어적인 성향이 강하죠.

기술이 강점인 저이기에 그것에 초점을 맞춰서 여러분에게 데이터과학자에게 필요한 실전 능력에 대해 설명드리려 해요. 데이터과학자에게 필요한 실전 능력은 하나로 정해져 있지 않지만, 공통으로 쓰는 유용한 기술은 분명히 있거든요. 특히, '이과' 성향이 강한 친구들, 컴퓨터를 만지는 '공대'다운 일에 관심이 있는 친구들이 집중해서 보시면 더욱 좋겠네요.

그리고 직접 데이터를 만지면서 배울 수 있었던 공모전 경험에 대해서도 들려 드리도록 하겠습니다.

데이터 분석에는 어떤 도구를 쓸까?

앞 장의 내용을 복습하는 차원에서 질문 하나. 데이터과학의 본질은 무엇일까요? 그렇죠. 데이터를 분석해 가치를 찾아내는 일입니다. 앞서 누누이 강조했던 부분입니다. 그리고 대량의 데이터를 수집하고 정제하고 분석하는 과정에서 필요한 기술을 능숙히 다루는 것도 데이터과학자가 갖추어야 할 능력입니다.

저는 고등학생 때부터 막연히 통계 관련 학과를 가야겠다고 생각했어요. 통계가 뭔지 잘 모를 때였지만 숫자를 기반으로 의미 있는 결과

를 도출해 내는 일에 흥미를 느꼈습니다. 그래서 통계와 관련이 깊은 산업공학과에 진학했고, 이때 처음 데이터 분석 수업을 들었지요. 잘 모르는 분야라도 관련 데이터를 분석하다 보면 눈에 보이지 않던 것들이 보이는 희열이 찾아옵니다. 여러분도 경험해 보고 싶지 않나요?

데이터 분석을 위해 데이터과학자가 갖추어야 할 기술적인 능력으로는 무엇이 있을까요? 모든 기술적인 능력을 완벽히 갖춰야 하는 것은 아니니 미리 겁먹지는 말기로 해요.

제가 데이터과학을 공부하고 또 데이터과학자로 일하면서 꼭 필요하다고 느낀 기술적인 능력은 크게 다음의 세 가지입니다. 분석할 데이터에 대한 도메인 지식, 데이터 분석 도구에 대한 이해, 대량의 데이터를 다루는 통계 지식. 이 세 가지 능력이 데이터과학자에겐 아주 중요합니다.

먼저 도메인 지식은 특정 분야에 관한 전문적인 지식을 가리킵니다. 만약 자동차 회사가 데이터 분석을 의뢰했다면 그 기업의 특징에서부터 자동차 산업은 물론 자동차의 부품, 조립과 생산 과정에 대해서까지도 두루 꿰고 있어야 한다는 뜻입니다.

그다음 데이터 분석 도구에 대해서 말씀드릴게요. 앞서 여러 번 이야기한 R과 파이썬 등을 데이터 분석 도구라고 합니다. 이제는 외울 정도라고요? 간단히 다시 한번 짚고 넘어갈게요. 저도 주로 R을 사용합니다.

```
setwd("D:/R_Programming")
getwd()
data()
data<-read.csv("Chapter4_3.csv",head=TRUE,sep=",")
summary(data)
data$College.Name<-NULL
round(cor(data),2)
p1=prcomp(data,scale=TRUE)
p1
biplot(p1)
eigen(round(cor(data),2))


###########################
round(predict(p1),2)
```

위 그림은 제가 처음 R로 데이터를 분석한 화면인데요. 마치 외계어
같죠? 공대생인 저도 처음에는 내용을 이해하지 못하고 샘플을 찾아 복
사와 붙여넣기만 반복했답니다.

저는 R을 요리 도구에 비유하곤 합니다. 데이터는 요리 재료이고요.
달걀이 프라이팬에 들어가면 달걀프라이가 되듯, 데이터를 R에 넣으면
분석 결과를 얻을 수 있습니다. 세상에는 요리 도구만큼이나 다양한 데
이터 분석 도구가 있고, 각각의 특징을 알고 분석 상황에 맞는 도구를
선택해서 쓰면 된답니다.

통계: 데이터를 '요리'하기 위한 레시피

다음으로는 통계에 대해서 살펴보겠습니다. 통계는 데이터 분석에
서 많은 부분을 차지하고 있어요. 앞서 데이터를 요리 재료, R을 요리

도구라고 이야기했죠? 통계는 이 둘을 가지고 어떠한 요리를 만들어야 하는지 알려 주는 레시피에 비유할 수 있어요. 같은 재료와 도구를 갖고 있다고 해도 레시피에 따라 각양각색의 요리가 만들어지듯 통계를 어떻게 활용하느냐에 따라 분석 결과가 달라질 수도 있습니다.

근데 통계라고 하니 너무 멀게만 느껴진다고요? 결코 그렇지 않아요. 누구든 알게 모르게 실생활에서 통계를 사용하고 있지만, 그 사실을 의식하지 못할 뿐이니까요.

데이터 분석에서 주로 사용하는 통계의 개념은 크게 기술 통계, 추론 통계, 그리고 가설 검정이 있어요. 용어가 다소 어렵죠? 지금부터 하나하나 쉽게 설명해 보겠습니다.

기술 통계

기술 통계는 모든 자료를 살피지 않고도 자료의 특성을 파악할 수 있게 수치로 표현해 주는 방법입니다.

예를 들어, 우리나라 사람들의 키를 분석한다고 해 봅시다. 우선 우리나라 사람들의 키를 일일이 기록해서 데이터를 만들어야겠죠. 그 이후에는? 모든 값을 하나씩 살펴봐야 할까요? 철수는 175cm, 영희는 163cm……. 이렇게? 아니죠. 우리는 영희, 철수의 키가 아니라 '우리나라 사람' 키 데이터의 특성을 찾아야 합니다. "우리나라 사람 평균 키는 170cm야.", "우리나라 사람 중 가장 키가 큰 사람은 230cm야." 하는 식으로 최소값, 최대값, 평균값과 같이 전체 데이터를 요약할 수 있는 방법을 사용하면 한눈에 데이터의 특성을 찾아낼 수 있죠. 이 방법을 기술 통계라 하고, 이렇게 계산된 값을 기술 통계량이라고 합니다.

추론 통계

추론 통계는 일부분의 정보만 가지고 전체의 특성을 찾아내는 방법입니다.

앞서 든 예에서, 우리나라 사람들의 키를 일일이 기록한다고 했죠? 하지만 실제로 그건 아주 어려운, 거의 불가능한 일이잖아요. 키 데이터를 전부 수집하기도 전에 키가 더 자라는 사람이 생길지도 몰라요! 이럴 때 추론 통계를 이용하면 우리나라 사람들 평균 키를 알 수 있습니다.

먼저, 우리나라 사람 중에서 무작위로 100명 정도의 키를 조사합니다. 이 데이터에 추론 통계를 적용하면, 100명에 대한 데이터만을 가지고 우리나라 사람의 평균 키가 얼마쯤 될지 추론할 수 있답니다.

추론 통계를 이용하는 이유는 소수의 집단을 표본으로 연구하는 것이 대규모 집단을 표본으로 연구하는 것보다 훨씬 경제적이고 효율적이기 때문입니다.

가설 검정

가설 검정은 우리가 추론 통계로 추론한 값을 가지고 가정을 해 보고 그게 진짜인지 아닌지를 확인하는 과정인데요.

100명의 사람을 표본으로 해서 우리나라 사람의 평균 키를 추론해 170cm가 나왔다고 가정해 봅시다. 그리고 일본 사람의 평균 키는 169cm라고 가정해 보고요. 그렇다면 우리나라 사람이 일본 사람보다 크다고 말할 수 있을까요? 우연히 우리나라에서 추린 100명에 키가 큰 사람들이 많이 포함되었던 것은 아닐까요?

이럴 때 사용하는 통계가 바로 가설 검정 방법입니다. 가설 검정을 할 때는 두 가지 가설이 필요합니다. 하나는 우리가 주장하는 가설, 다른 하나는 우리 가설에 반대되는 가설입니다. 이를 통계 용어로는 각각 대립가설과 영가설이라고 합니다.

그럼 앞 사례의 대립가설인 "우리나라 사람은 일본 사람보다 크다."를 검정하기 위해서는 "우리나라 사람은 일본 사람보다 작거나 같다."는 영가설이 필요하겠죠. 그다음 영가설이 맞는 경우에 우리가 수집한 데이터가 나타날 확률을 구합니다. 우리나라 사람이 일본 사람보다 작거나 같을 경우에 우리가 수집한 100명에 정보가 나타날 확률을 계산하는 거죠. 마지막으로 계산해서 나온 확률이 낮을 경우 영가설이 틀렸으니 우리의 대립가설이 맞다고 결론을 내리는 겁니다.

확률의 높고 낮음을 어떻게 아느냐고요? 우리가 정하기 나름입니다. 예를 들자면 5%라는 기준을 세우고 그 기준보다 낮을 경우에는 맞다고 하는 식입니다.

통계를 어떻게 활용할까?

어려운 설명으로만 봐서는 이해하기 어렵죠? 간단한 예시와 함께 데이터 분석에서 통계가 어떻게 쓰이는지 직접 보여 드릴게요.

여기 우리 반과 옆 반 학생 각각 16명의 중간고사 점

수가 있습니다. 물론 각반의

전체 학생수는 16명보다 많습

니다. 두 반 중 어떤 반이 시험

을 더 잘 봤는지 알아낼 수 있

을까요? 학생 모두의 점수를

모르면 어려울 것 같지만 데이

터와 통계를 이용하면 데이터

과학자는 할 수 있답니다.

데이터 정제하기

우리 반 중간고사 점수	옆 반 중간고사 점수	우리 반 중간고사 점수	옆 반 중간고사 점수
93	59	68	-67
		80	71
89	84	65	79
82	칠십 점	58	64
71	61	74	82
71	67	55	48
95	79	77	68
73	59	86	72

자, 이와 같이 데이터를 수집했습니다. 가장 먼저 해야 할 일은 무엇일까요? 바로 데이터를 살펴 정제하는 일입니다. 여기서는 일단 우리가 원하는 형태의 데이터인지 확인하고, 이상한 값이 섞여 있지 않은지 눈으로 하나하나 살펴보기로 해요. 자, 어떤가요? 문제가 있어 보이죠?

먼저 옆 반의 데이터를 봅시다. '칠십 점'이라는 값이 들어가 있네요. 통계 값을 내고 분석하기 위해서는 모든 값이 숫자여야 하니까 70으로 바꿔 줍니다. 데이터가 수집되지 않은 부분은 어쩔 수 없으니 패스하고요. 어느 정도 손을 보고 나니 데이터를 '쓸 수 있는' 상태가 되었네요.

그럼 지금부터 기술 통계량을 이용해서 데이터를 살펴볼게요. 각 반의 '최대값'을 이용해서 가장 높은 점수를 살펴보니 95점이에요. '최소값'을 이용해서 가장 낮은 점수가 몇 점인지도 살펴봅니다. 그런데 -67점이라고 나오네요? 아무리 시험을 못 봤어도 마이너스 점수는 나올 수 없으니, 이건 잘못 표기된 값이겠죠? 67점으로 바꿔 줄게요.

추정

데이터를 살펴 잘못된 값을 바로잡았으니, 드디어 각 반의 평균을 알아봐야겠죠. 앞에서 말했던 '추론 통계'를 이용해 16명의 점수를 표본으로 반 전체 평균을 가늠해 볼 텐데요. 통계에서는 이런 과정을 '추정'이라고 합니다.

평균의 '추정'은 사실 여러분이 알고 있는 평균 구하기와 다르지 않아요. 반 전체모집단 평균을 추정하기 위해서는, 우리가 조사한 점수표본의 평균을 계산하면 됩니다. 우리 반은 75.8점, 옆 반은 68.7점이라고 나오네요. 그런데 혹시나 표본 중 옆 반엔 꼴찌가 있고, 우리 반엔 1등이 있다면 어쩌죠? 추정이 신뢰할 만한 걸까요?

가설 검정

이 불안감 또한 통계를 이용해 없앨 수 있습니다. '가설 검정'을 이용해서 이 추정이 믿을 만한 것인지 확인해 보겠습니다. 여기서는 t-test라는 방법에 따라 '가설 검정'을 진행할 거예요. t-test는 두 집단의 평균 차이를 비교할 수 있게 해 주는 가설 검정 방법입니다.

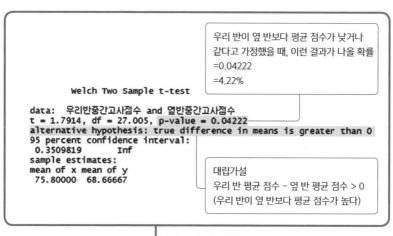

우리 반이 옆 반보다 평균 점수가 낮거나 같다고 가정했을 때, 이런 결과가 나올 확률
=0.04222
=4.22%

```
            Welch Two Sample t-test

data:  우리반중간고사점수 and 옆반중간고사점수
t = 1.7914, df = 27.005, p-value = 0.04222
alternative hypothesis: true difference in means is greater than 0
95 percent confidence interval:
  0.3509819       Inf
sample estimates:
mean of x mean of y
  75.80000  68.66667
```

대립가설
우리 반 평균 점수 – 옆 반 평균 점수 > 0
(우리 반이 옆 반보다 평균 점수가 높다)

t-test 수행 결과

가설 검정에 필요한 것은? 네, 대립가설과 영가설이죠. 우리가 확인하고 싶은 대립가설은 "우리 반이 옆 반보다 평균 점수가 높다."입니다. 그러니 이 가설 검정의 영가설은 "우리 반은 옆 반보다 평균 점수가 낮

거나 같다."가 되겠네요. 그럼 영가설이 맞을 경우 우리가 조사한 데이터가 나올 확률을 계산해 볼게요. R을 이용해 계산해 봤더니, 4.22%밖에 되지 않아요. "우리 반이 옆 반보다 평균점수가 낮거나 같다면 16명의 점수가 이렇게 나올 수 없다!"라는 거죠.

결론적으로 우리 반 점수가 옆 반보다 높다고 통계적으로 이야기할 수 있게 됩니다. 바로 이 순간, 우리는 통계를 이용해 16명의 점수만으로 어떤 반이 더 시험을 잘 봤는지를 알게 되었습니다.

지금까지 데이터 분석 과정에서 통계가 어떻게 활용되는지 알아봤습니다. 다시 정리해 보자면 통계는 데이터의 요약된 정보를 보여 주고, 원래의 데이터를 추정해 주며, 데이터과학자의 가설을 검정하는 데 활용됩니다. 이번 사례에서는 데이터의 크기가 작았지만, 규모가 크면 클수록 통계가 아주 유용하게 활용되겠죠?

기계를 공부시킨다고?

이 외에 데이터과학자가 갖춰야 할 기술적인 능력을 하나 더 꼽자면 머신 러닝, 즉 기계 학습에 관한 지식입니다.

데이터과학자는 많은 분석 결과를 가지고 예측 모델, 추천 모델과 같은 다양한 모델을 만들게 되는데요. 이러한 모델은 대부분 기계 학습을 통해 만들어집니다.

기계 학습은 말 그대로 기계를 학습시키는 겁니다. 도대체 기계를 어떻게 가르치는 걸까요? 기계가 학습을 하기 위해서는 기본적으로 데이터가 있어야 해요. 그리고 학습 목표와 평가 기준을 정해 주어야 합니다.

원리를 살펴보면 어린아이를 가르치는 과정과 크게 다르지 않아요. 말을 막 배우기 시작한 아이에게 강아지와 고양이를 가르치는 과정을 볼게요. 강아지 사진을 보여 주고 "이건 강아지야."라고 알려 주죠. 그러면 아이는 '아, 네발이 달려 있는 털이 있는 동물은 강아지다.'라고 이해합니다. 그러고 나서 고양이 사진을 보여 주면 아이는 고양이와 강아지를 구분하지 못할 겁니다. 이때 "이건 고양이야."라고 알려 주면, '네발이 달렸지만 더 날카롭게 생긴 동물은 고양이구나.'라고 이해하겠죠. 비슷한 강아지와 고양이 사진을 한 장, 두 장, 여러 번 보여 주며 강아지인지 고양이인지 계속 알려 주면, 아이는 강아지와 고양이를 구분 짓는

특징을 알게 되고, 이내 둘을 구분할 수 있게 될 겁니다.

기계 학습도 이와 유사한 원리입니다. 강아지와 고양이의 사진 데이터를 학습시키면, 나중엔 기계에 사진만 넣어도 강아지인지 고양이인지 구분할 수 있게 되는 거죠.

그럼 기계 학습은 언제 왜, 이용할까요? 흔히 우리가 현재 얻을 수 없는 정보를, 과거의 데이터를 통해서 예측하기 위한 용도로 이용하곤 합니다. 간단한 사례와 함께 알아보도록 해요.

시험 점수 예측 모델 만들어 보기

기말고사를 보기 전 학생들의 기말고사 점수를 예측할 수 있을까요? 데이터를 이용해 함께 예측해 보도록 해요. 기계 학습 모델을 만들어 예측해 볼 텐데요. 쉽게 말하면 기말고사 점수를 자동으로 예측하는 기계를 만드는 겁니다.

중간고사 공부 시간	점수	기말고사 공부 시간
3.0	93	3.0
3.0	89	2.5
3.0	82	2.5
1.5	71	2.0
2.0	71	2.0
3.0	95	2.5
1.5	73	1.5
1.5	68	1.5

2.5	80
1.5	65
1.5	58
2.0	74
0.5	55
2.5	77
3.0	86

2.5
2.0
1.5
2.0
0.5
2.0
2.5

먼저 중간고사 공부 시간과 점수 데이터, 기말고사 공부 시간 데이터를 수집했습니다.

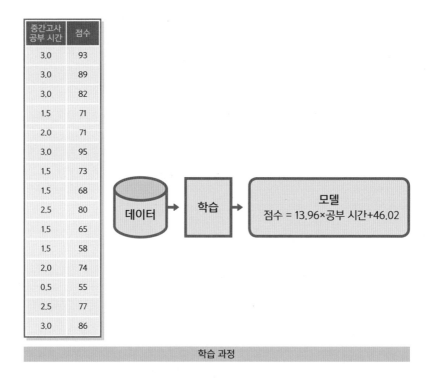

중간고사 공부 시간	점수
3.0	93
3.0	89
3.0	82
1.5	71
2.0	71
3.0	95
1.5	73
1.5	68
2.5	80
1.5	65
1.5	58
2.0	74
0.5	55
2.5	77
3.0	86

데이터 → 학습 → 모델
점수 = 13.96×공부 시간+46.02

학습 과정

모델은 매우 간단한 방법으로 만들 수 있습니다. 일단 중간고사 데이터로 모델을 '학습'시킵니다. 아이가 고양이, 강아지 사진을 보고 하나하나 배워 나가는 것처럼 "시험공부를 3시간 한 학생은 93점, 89점, 82점, 95점, 86점을 받았구나.", "시험공부를 30분 한 학생은 55점을 받았구나."라는 식으로 말이죠.

그 결과 점수와 공부 시간의 상관관계 모델을 얻었습니다. 이 모델이 있으면 공부 시간만 알아도 점수를 예측해 낼 수 있겠죠?

이번엔 기말고사 공부 시간 데이터를 모델에 넣고 점수를 예측해 보도록 하겠습니다.

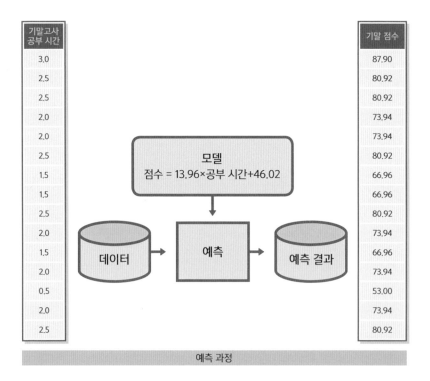

예측 과정

생각보다 어렵지 않지요? 이제 기계가 어떤 방식으로 학습 하는지, 또 기계 학습을 언제 이용할 수 있을지 조금 이해가 될 거예요. 이 방법은 기계 학습의 다양한 방법 중 지도 학습이라고 불립니다.

지도 학습 모델들은 실제 다양한 분야에서 활용되고 있어요. 내 얼굴 사진을 여러 장 학습시켜 SNS에 올린 사진에서 나를 찾아 주는 기능, 스팸 메일의 특성을 학습시켜 내가 받은 이메일이 스팸인지 아닌지를 구분해 주는 기능 등 모두 기계 학습으로 만들어진 겁니다.

지금까지 데이터과학자에게 필요한 기술적인 능력과 실제 업무 현장에서 기술이 어떻게 활용되는지 살펴봤습니다.

대학을 다니는 동안 저는 데이터 분석을 가장 열심히 공부했습니다. 데이터 분석을 잘하기 위해서는 기술적인 이론을 쌓는 것과 동시에 기술을 활용할 여러 프로젝트와 공모전에 적극 참여할 것을 권하고 싶습니다. 실제 데이터 분석 과정에 참여해 보면 책에서는 접하지 못한 상황에 부딪히게 되고, 이렇게 몸을 써 가며 깨달은 노하우는 절대 잊어버리는 법이 없거든요.

분석만큼 중요한 데이터 정제와 설득

대학교 3학년 2학기 말에 프로젝트로 다음과 같은 과제를 받게 됐습

니다. 'A라는 맥주를 마시는 사람에게 어떤 맥주를 추천해야 구매할 확률이 높을까?' 저는 아주 자신만만했습니다. 인터넷의 유명 데이터과학 블로거가 공개한 맥주 추천 알고리즘을 금방 찾았거든요.

"내 데이터를 붙여 넣고, 저 알고리즘을 적용하기만 하면 끝이겠는걸?"

하지만 현실은 대실패. 왜였을까요? 바로 데이터의 차이를 간과한 겁니다. 블로거의 데이터와 제가 쓰는 데이터의 차이가 컸던 거죠. 알기 쉽게 비유하자면 블로거의 재료는 껍질을 다 벗기고 씻어 둔 알감자, 제 재료는 밭에 묻힌 상태의 감자였던 겁니다. 블로거의 요리법을 쓰려면 우선 밭에서 감자를 캐서 씻고 껍질을 벗겨야 합니다. 그것이 바로 데이터 정제 과정입니다.

저는 이 과제를 수행하면서 의미 있는 분석 결과를 도출해 내기 위해서는 탄탄한 기초 작업, 즉 데이터 정제가 무엇보다 중요하다는 사실을 체득했습니다. 그래서 다시 프로젝트의 90% 이상을 데이터 정제에 쏟아 부었습니다. 쓸 수 없는 데이터는 빼고, 필요한 형태로 데이터를 정

리해 나갔지요. 지루하고 단순한 작업임에는 틀림없습니다. 하지만 정제 과정 없이는 절대 방대한 양의 데이터에서 가치를 찾아낼 수 없습니다.

실제 데이터과학 공모전에 참여하면서부터는 전혀 새로운 문제에 부딪혔습니다. 그때까지 저는 분석 모델을 잘 만들고 결과를 도출해 내는 사람이 유능한 데이터과학자라고 생각했습니다. 하지만 그것만으로는 공모전에서 좋은 성적을 거둘 수 없었습니다.

똑같은 데이터를 가지고 경쟁하는 사람들 사이에서 눈에 띄려면 어떻게 해야 할까요? 데이터 분석을 의뢰한 회사에 대한 정보를 미리 수집해서 분석 결과를 설득력 있게 전달할 수 있어야 합니다.

"데이터 분석 모델과 결과는 잘 나온 것 같습니다. 그런데 우리 회사에 적용할 만한 가치가 있는 건가요?"

이 물음에 답변을 하려면 데이터 분석을 의뢰한 고객사가 속한 산업 분야에 관한 지식, 고객사 내부 상황, 또 고객사가 현재 무엇을 가장 필요로 하는지 등에 대한 도메인 지식이 있어야 합니다. 경영이 악화되어 비용을 아껴야 하는 회사에 마케팅 비용을 늘려야 한다는 분석 결과는 전혀 쓸모가 없을 테니까요. 의뢰자에 대한 사전 정보를 미리 파악하고 있으면 설득력은 저절로 높아지게 마련입니다.

프로그램이 다 해 주니까
알고리즘의 기초 원리는 몰라도 될까?

공공 데이터 활용 공모전 사례

데이터 분석에 쓰는 프로그램은 다양하고 어려운 알고리즘을 쉽고 빠르게 사용할 수 있게 해 줍니다. 예를 들어, 프로그램에 방정식을 입력하기만 하면 방정식을 푸는 알고리즘으로 그 식의 답을 바로 찾아 주지요. 그래서 데이터과학을 배우던 초창기에는 알고리즘에 대한 이해가 없어도 프로그램만 완벽히 하면 된다고 생각했어요.

하지만 그렇지 않았어요. 데이터 분석 과정에서는 여러 알고리즘을 응용할 일이 많답니다. 알고리즘을 응용하려면 그 알고리즘의 기초 원리를 잘 알고 있어야 하겠지요? 그것을 뼈저리게 느꼈던 공모전 이야기를 들려드릴게요.

공공 기관이 보유하고 있는 '공공 데이터'를 활용하는 공모전이었습니다. 저는 다양한 공공 데이터 중에서 평소 관심 있던 기상 데이터를 활용해 '미래 우리나라 기후에서 재배하기 알맞은 농작물을 추천'하는 주제를 빠르게 선정했습니다.

유명한 추천 방법인 장바구니 추천 알고리즘을 떠올렸지만 갖고 있는 기상 데이터와는 적합하지 않았습니다. 그때 문득 '이상치 탐색 알고리즘'을 활용해 볼까 하는 생각이 떠올랐습니다.

이상치 탐색 알고리즘은 추천에 활용되는 알고리즘이 아닙니다. 말 그대로 이상한 수치를 찾아내는 데 유용하게 쓰이지요. 쉬운 예를 하나 들어 보겠습니다.

사람의 키를 나타내는 세 개의 막대그래프를 그려서, 정상 기준치를 점선으로 임의 설정합니다. 세 막대그래프의 수치를 차례대로 150, 170, 500이라고 한다면 사람의 키가 500인 데이터는 정상이 아니겠지요. 정상 기준치를 넘어가는 데이터이니까요.

이상치 탐색 알고리즘이란?

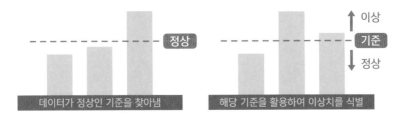

저는 이상치 탐색 알고리즘이 이러한 원리로 이상 수치를 찾아낸다는 것을 잘 알고 있었기에 이를 응용해 보기로 했습니다. 해외 열대 과일 재배 지역의 온도, 습도 등 정상 기후 데이터를 수집해 우리나라 미래 기후 중 해당 기준에 맞는 지역을 확인했지요. 정상 기준치에 들어가는 농작물은 추천, 정상 기준을 넘어가면 탈락! 이렇게 미래 우리나라 기후에서 재배하기 알맞은 농작물을 찾아냈고, 공모전에서 우수한 성적을 거뒀습니다.

이상치 탐색 알고리즘의 적용

정상 기후 기준

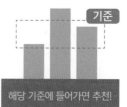

해외의 열대과일을 기르는 곳의
정상 기후 기준을 찾아냄

우리나라 미래 기후 중
해당 기준에 해당되는 곳을 확인

해당 기준에 들어가면 추천!

　프로그램이 다 알아서 해 주는데 왜 알고리즘의 기초 원리까지 자세히 꿰고 있어야 하는지 수없이 반문하던 시절도 있었습니다. 하지만 알고리즘의 기초 원리를 알지 못했다면 내가 갖고 있는 데이터가 기존의 추천 알고리즘에 적합한지 아닌지 판단하는 데서부터 어려움을 겪었을 거예요. 반드시 기억하세요! 알고리즘의 기초 원리를 알아야 응용도 가능하다는 사실을 말이에요.

좋은 데이터과학자가
되는 길

여러분보다 한발 먼저 데이터과학자로 일하는 저희가 전하는 이야기는 여기까지입니다. 이해하기 어려운 용어 때문에 데이터과학에서 멀어질 것 같다고요? 새로운 용어를 접하고 모르는 것은 배워서 익혀 가며, 나만의 블록을 조합해 나가는 과정 자체가 데이터과학의 시작이에요. 두려워하지 말고 도전해 보세요!

데이터과학은 과학과 산업의 융·복합, 다양한 학문 간 융·복합이 자연스럽게 일어나는 영역이에요. 그렇기 때문에 여러분도 융·복합적인 역량을 기르는 것이 중요합니다.

현실에 존재하지 않는 유니콘이 되라는 말은 아니니 안심하세요. 인문학적 소양이 뛰어난 문과생 친구들은 기술에 관심을 갖고, 기술에 능숙한 이공계 친구들은 인문학적인 소양을 쌓아 나가면 된다는 이야기입니다.

이 책을 읽은 여러분이 데이터과학을 통해 세상 어디에도 없는 답을 찾아 나가는 과정을 즐기고, 누군가가 간절히 원하는 답을 선물한다는 데 기쁨을 느끼면 더없이 좋겠습니다. 그런 마음가짐을 갖는다면 데이터과학자로 가는 길에 흔들림이 없을 것입니다.

최근 기사에 따르면 2025년까지 이 세상의 데이터가 10배 가까이 증가한다고 합니다. 데이터가 많아지는 만큼 더 많은 기업에서 데이터과학자를 찾겠지요? 여러분처럼 젊고 아이디어가 넘치는 데이터과학자들이 많아져서 어서 함께 일할 날이 오기를 바랍니다.